Martin Lude

Blickwechsel

Der Autor:

Martin Lude

Geboren 1953 in Grötzingen bei Nürtingen.

Betriebswirtschaftliche Ausbildung, verheiratet,
zwei Töchter, ein Sohn, eine Enkeltochter.

Über 42 Berufsjahre mit Schwerpunkt in der Industrie;
berufsbegleitend als Fachautor und -referent tätig.

Von 1993 bis 2012 Marketingleiter in einem großen
Unternehmen aus dem Investitionsgüterbereich.

Seit August 2012 im Vorruhestand.

Blickwechsel

Allein marschiert – reichlich inspiriert!

Wanderung über Alb,
Oberschwaben und Bodensee
in das Gebirge.

Und ein gedanklicher Ausflug in die Welt.

Copyright 2014 Martin Lude, Kirchheim/Teck

Umschlaggestaltung, Satz und Layout:
Inside-Layout, Schwäbisch Hall

Titelfoto: Abendstimmung am Breitenstein
(Felsplateau auf Schwäbischer Alb, Nähe Kirchheim/Teck)

Quelle: Benjamin Wolf, sturmjagd.wordpress.com, Tübingen

Alle übrigen Fotos stammen vom Autor

Herstellung und Verlag:
BoD - Books on Demand, Norderstedt

ISBN: 9783738603293

Inhalt

Vorwort

Es muss nicht der Jakobsweg und es müssen auch keine sechs Wochen und 1000 Kilometer sein, um an- und innezuhalten; um Abstand vom Alltag, dem Beruf und Privatleben zu bekommen und das eigene Dasein etwas genauer zu betrachten. In meinem Fall war der Anlass für die Wanderschaft der berufliche Ausstieg.

In diesem Buch möchte ich Ihnen etwas über meine dabei gesammelten Erfahrungen erzählen: wie mir die Wanderung half, sehr schnell den Kopf frei zu bekommen. Welchen Reiz die einzelnen Etappen mit wunderschönen Landschaften, reizenden Dörfern und Städten auf mich ausübten. Über die spannenden Begegnungen mit Menschen in Baden Württemberg, Bayern und Vorarlberg (Österreich). Und noch eins: Wie ich aus der Ruhe heraus zu mir selbst fand und mein Leben in einer sich veränderten Gesellschaft, Arbeitswelt und Umwelt reflektierte. Und schließlich daraus abgeleitet: Welche Gedanken ich mir für neues Denken und Handeln gemacht habe.

Der Schwerpunkt ist jedoch das Wandern selbst. Deshalb möchte ich Ihnen auch Tipps zur Ausrüstung und Organisation geben; welche Wanderabschnitte und Unterkünfte mir ganz besonders gefallen haben; und abschließend resümieren: Was hat mir die Wanderung ganz persönlich gebracht?

Das Wandern ist des Müllers Lust

Dieses vertonte Gedicht des Dichters Wilhelm Müller stammt aus dem Jahre 1821. Ich habe es aus meiner frühen Kindheit in Erinnerung. In den 60er-Jahren haben wir es immer wieder gesungen. Bei Gruppenausflügen und vor allem bei den regelmäßigen Wanderungen mit unserem Vater, der dabei das Lied auch noch per Mundharmonika begleitete. Er hatte uns – meinem Bruder und mir – sehr früh die Schönheit der Natur und unserer Gegend nahegebracht. Es waren zumeist kleinere Wanderungen direkt von der Haustür ins Grüne. Diese Sonntage sind mir bis heute in schöner Erinnerung geblieben.

Aber auch die Schwäbische Alb wählte unser Vater als Ausflugsziel aus. Dort hinzukommen war damals, trotz kurzer Entfernung, gar nicht so einfach. Ein eigenes Auto stand der Familie nicht zur Verfügung. Also marschierten wir von zuhause zunächst zum Bahnhof in Wendlingen. Von dort aus fuhren wir mit dem Zug über Kirchheim/Teck in das Lenninger Tal bis zur Endstation in Oberlenningen. Danach wanderten wir zu Fuß weiter. Der Aufstieg zur Schopflocher Alb, vorbei an der Ruine Wielandstein, war mühsam. Vor allem im Winter, als wir auch noch die Skier mit dabei hatten. Vater musste uns immer wieder beim Tragen helfen. Die Skier waren aus Holz und mit einer einfachen Metallbindung ausgestattet, sodass wir mit ihnen sowohl langlaufen als auch abfahren konnten. So sind wir, auf der Alboberfläche angekommen, zunächst Skigewandert. Damals war das überhaupt noch nicht in Mode, jedenfalls ist uns stundenlang niemand begegnet, der sich auf ähnliche Weise fortbewegte. Das Beste kam aber immer erst zum Schluss. Nämlich die Abfahrt mit den Skiern von der Alb wieder runter in das Tal. Über die Alte Steige von Oberlenningen rauschten wir in die Tiefe. Mein Bruder und ich hatten einen Riesenspaß. Trotz einfacher Skiausrüstung ist mir kein einziger Sturz in Erinnerung geblieben. Mutter war bei den Ausflügen selten mit dabei. Sie war froh, wenigstens einmal in der Woche etwas entspannen zu können und hatte für unsere hungrigen Mäuler nach den Ausflügen ein leckeres Essen zubereitet.

Das Bewegen im Freien – mit eher spielerischem Charakter – gehörte auch wochentags zu meinen Lieblingsbeschäftigungen. Wir wohnten am Ortsausgang von Wendlingen. Direkt hinter unserem Haus schlossen sich Gärten, Obstbaumwiesen und Felder an. Den Wegesrand zu Feld und Wiesen säumten wilde Sträucher; genau richtig gewachsen, damit wir darauf begeistert klettern konnten. In nicht allzu weiter Entfernung genossen wir das Angebot mehrerer Bäche, eines Flusses, sowie eines kleinen Wäldchens. Unserer Phantasie waren keine Grenzen gesetzt. Zusammen mit meinen Spielkameraden genoss ich die schier grenzenlosen Möglichkeiten. Das „soziale Kinderland" war kein präparierter Spielplatz, sondern die freie Natur. Mitunter übertrieb ich diese Outdoor-Aktivitäten. Damals nannte man solche Kinder, die sich überwiegend an der frischen Luft aufhielten „Gassabuba", oder auf Hochdeutsch „Gassenjungen".

Ausdruck meines starken Bewegungsdrangs war auch meine Leidenschaft für das Fußballspielen. Fast täglich kickte ich in Hinterhöfen, auf Wiesen und Sportplätzen.

Immerhin brachte ich es bis zu einem förderungswürdigen Talent, das auch während der Schulzeit mehrmals eine Sportschule besuchen durfte. Mit 16 Jahren war es dann mit der ganzen Herrlichkeit vorbei. Ausbildung, Schule, Abendstudium, Beruf, berufliche Weiterentwicklung und Kariere standen von da an im Vordergrund.

Warum erzähle ich Ihnen dies alles? Seit meiner frühen Jugend liebe ich die Natur und verspüre die Lust mich in ihr zu bewegen. Dieses Verlangen ist nie in mir erloschen. Ich sehnte mich geradezu danach, noch einmal den nötigen Freiraum zu bekommen, um sie so intensiv erleben zu dürfen. Ohne zeitliche Einschränkungen, mit freiem Kopf und auch nicht mit berufsbegleitenden Belastungen.

Nach über 42 Berufsjahren verließ ich im Juli 2012 meinen letzten, langjährigen Arbeitgeber und sah voller Erwartung der neu gewonnenen „großen Freiheit" entgegen. Ich war gerade noch rechtzeitig auf einen der wahrscheinlich letzten Züge einer „Altersteilzeitregelung" aufgesprungen. So kam ich mit 59 Jahren in den Genuss noch einmal ganz andere Prioritäten im Leben setzen zu dürfen.

Von langer Hand geplant –
die „Berufs-Abstands-Wanderung"

Ich war über viele Jahre beruflich stark engagiert; verbunden mit einem hohem zeitlichen Einsatz und bisweilen stressigen Zeiten. Deshalb stand schon frühzeitig für mich fest, dass ich nach meinem letzten Arbeitstag nicht einfach den Schalter umdrehen und mich zu Hause auf die Terrasse setzten konnte. Auch war mir bewusst, dass ich einen Weg finden musste, die vielen Berufsjahre zu verarbeiten, beziehungsweise hinter mir zu lassen. So plante ich bereits eineinhalb Jahre vor meinem Ausstieg eine Wanderung von zu Hause bis in das österreichische Kleinwalsertal. Genau gesagt vom schwäbischen Kirchheim unter Teck nach Mittelberg im Vorarlberg. Mittelberg ist mir sehr vertraut. Ich hatte den Ort seit Jahrzehnten zusammen mit meiner Frau und über viele Jahre auch mit unseren drei Kindern besucht. Es waren zumeist erlebnisreiche Wochenenden und wohltuende Kurzurlaube gewesen. Die Wanderungen und auch der Wintersport hatten für uns immer einen hohen Erholungswert. Nur hingekommen waren wir immer nur mit dem Auto. So reifte in mir der Gedanke: Wenn ich einmal mehr Zeit habe, werde ich diesen Ort von zu Hause aus per Fußmarsch und ganz alleine anlaufen. Mit meinem beruflichen Ausstieg war dieser Zeitpunkt nun gekommen. Und eine längere Abgeschiedenheit hielt ich ohnehin für den besten Weg, um Abstand zu gewinnen und ganz zu mir zu kommen. Vielleicht auch ein wenig beeinflusst von Hermann Hesse und seinem Zitat: „Manchmal den Rückzug antreten und sich ganz mit sich selbst befassen: Nur im Alleinsein können wir uns selber finden. Alleinsein ist nicht Einsamkeit, sie ist das größte Abenteuer."

Ab Anfang 2012 begann ich meine 15-tägige Wanderung für den Sommer konkret zu planen. Ich studierte zunächst in einem vorhandenen Atlas nach der groben Route. Und ich recherchierte im Internet. Schon dabei kamen mir Zweifel, ob es mir bei den angedachten Tagesrouten möglich ist, abends stets problemlos ein Quartier zu finden. Also beschaffte ich mir richtiges Kartenmaterial: offizielle Wanderkarten des Schwäbischen Albvereins. Sie gaben mir einen genauen Überblick über das zu passierende Land, die Städte und vor allem über die größeren und kleineren Ortschaften. Genau dort lagen Engpässe, was das Angebot an Unterkünften anbelangt. Die von mir in der nun etwas konkreteren Planung zur Übernachtung angepeilten Orte zeigten gemäß Internet-Recherche mitunter dieses Bild: Gasthöfe vorhanden, jedoch ohne Zimmerangebot, Zimmerangebot mittlerweile eingestellt oder es war nicht eindeutig feststellbar, ob es eine Übernachtungsmöglichkeit gibt oder nicht. Das Risiko schien mir zu groß, nach einem anstrengenden Wandertag in einem anvisierten Ort kein Quartier vorzufinden oder ohne Vorreservierung nicht unterzukommen. Dann notgedrungen nochmals etliche Kilometer zum nächsten Ort wandern zu müssen, könnte in physischen und psychischen Stress ausarten. Das wollte ich mir auf keinen Fall antun. Und so abenteuerlich war ich auch nicht mehr veranlagt, um vielleicht mal im Freien oder in einer verlassenen Hütte am Wegesrand zu übernachten.

Also begann ich mit der konkreten Planung von Tagestouren und -zielen. Konkret heißt, ich strebte Etappen von ungefähr 20 Kilometern an und reservierte für jeden Abend an fixem Ort ein Quartier vor. Bei der Suche orientierte ich mich an einfachen, gut bürgerlichen Gasthöfen mit Zimmerangebot. Die Recherchen und Reservierungen gestalteten sich für mich recht zeitaufwendig. Einige Male musste ich auch den zunächst ins Auge gefassten Tageszielort nochmals ändern, um ein geeignetes Zimmer zu bekommen. Die Vorreservierungen hatten sich jedoch im Nachhinein gesehen in jedem Fall für mich gelohnt. Bei den Touren-Planungen mit dem detaillierten Kartenmaterial fiel mir auf, dass es auch Wanderabschnitte durch größere, geschlossene Waldstücke gibt. Ich fragte mich, ob ich mich darin, trotz des guten Kartenmaterials wohl immer eindeutig zurechtfinden werde. Wie es der Zufall wollte, traf ich einen ehemaligen Kollegen, den ich über mein Vorhaben informierte. Er empfahl mir unbedingt noch ein „GPS-Outdoorgerät" samt geeigneter Kartensoftware einzusetzen. Also machte ich mich auf die Suche. Ein viel komfortableres Gerät, als ich es mir ursprünglich selbst ausgesucht hatte, schenkten mir dann meine Kolleginnen und Kollegen zum Abschied aus der Firma. Wie nützlich es mir noch sein sollte, war mir zu diesem Zeitpunkt noch nicht bewusst.

Zur guten Vorbereitung gehörte freilich mehr: vor allem die passende Kleidung und Wäsche für alle Wettereventualitäten. Von Berufs wegen war ich es gewohnt alles systematisch zu planen. Deshalb schrieb ich mir in gewohnter Manier eine Checkliste. Mal erweiterte ich sie, mal kürzte ich sie im Sinne des Optimierens. Denn die Aufgabe war klar: nur so wenig wie nötig mitnehmen, schließlich musste ich ja alles selbst schultern. Auf der anderen Seite durfte ich auch nichts Wichtiges vergessen, was mein Vorhaben negativ beeinträchtigen hätte können. Im Kapitel „Tipps zur Ausrüstung" habe ich die mir am wichtigsten erscheinenden Gegenstände zusammengestellt.

Dramatische Woche vor der Wanderung

Ich plante den Beginn meiner Wanderung fix und unumstößlich für den 15. Juli. Die Reservierungen von nacheinander folgenden 14 Übernachtungen an verschiedenen Orten bauten darauf auf. Nicht so exakt planbar war hingegen die Geburt unseres ersten Enkelkindes. Die Ärzte hatten wohl den 3. Juli errechnet, doch das Baby wollte und wollte nicht kommen. Vielleicht um dem Opa schon mal vorab zu zeigen, wer zukünftig die Prioritäten setzten würde. Spaß beiseite: So lustig empfanden wir diese Juli-Tage nicht. Wir telefonierten täglich mit unserer Tochter oder deren Lebenspartner. Ab Sonntag, dem 9. Juli kamen gar keine Signale mehr vom knapp 100 Kilometer entfernten Wohnort der beiden. Am 11. Juli in aller Früh war es dann endlich soweit: Stolz verkündeten uns die frisch gewordenen Eltern die Geburt einer gesunden Tochter. Unser erstes Enkelkind hatte es also doch noch geschafft, vor dem Beginn meiner Wanderung das Licht der Welt zu erblicken.

An jenem Mittwoch stand auch – ab dem Spätnachmittag – das „große Abschiedsfest" in meiner Firma auf dem Programm. Also hatte ich noch ein paar Stunden Zeit zur Erholung, nutzte dann aber die Gunst der Stunde und verkündete den zahlreichen Gästen hoch entzückt unseren Familienzuwachs. Dann kam mein letzter Arbeitstag, der 12. Juli. Ein letztes Händeschütteln in den vier Stockwerken unseres Bürokomplexes. Es fiel mir nicht leicht Abschied zu nehmen. 28 ½ Jahre Betriebszugehörigkeit sind ja schließlich kein Pappenstiel. Der darauf folgende Freitag, der 13. Juli, zeigte nur allzu deutlich, wie nah Freud

und Leid oder auch Leben und Tod zusammenliegen können. An diesem Tag wurde die Tochter von langjährigen
Freunden beerdigt und wir waren selbstverständlich mit
dabei. So konnten wir erst am Samstag, dem 14. Juli mit
ein paar Tagen Verspätung zu unserer kleinen Enkeltochter fahren und sie bestaunen. Ja, und ein Tag später ging
es schon los. Nicht nur mit genügend Ballast auf dem Rücken, sondern unendlich vielen Gedanken im Kopf.

Von der Alb
über Oberschwaben
und den Bodensee
in das Gebirge

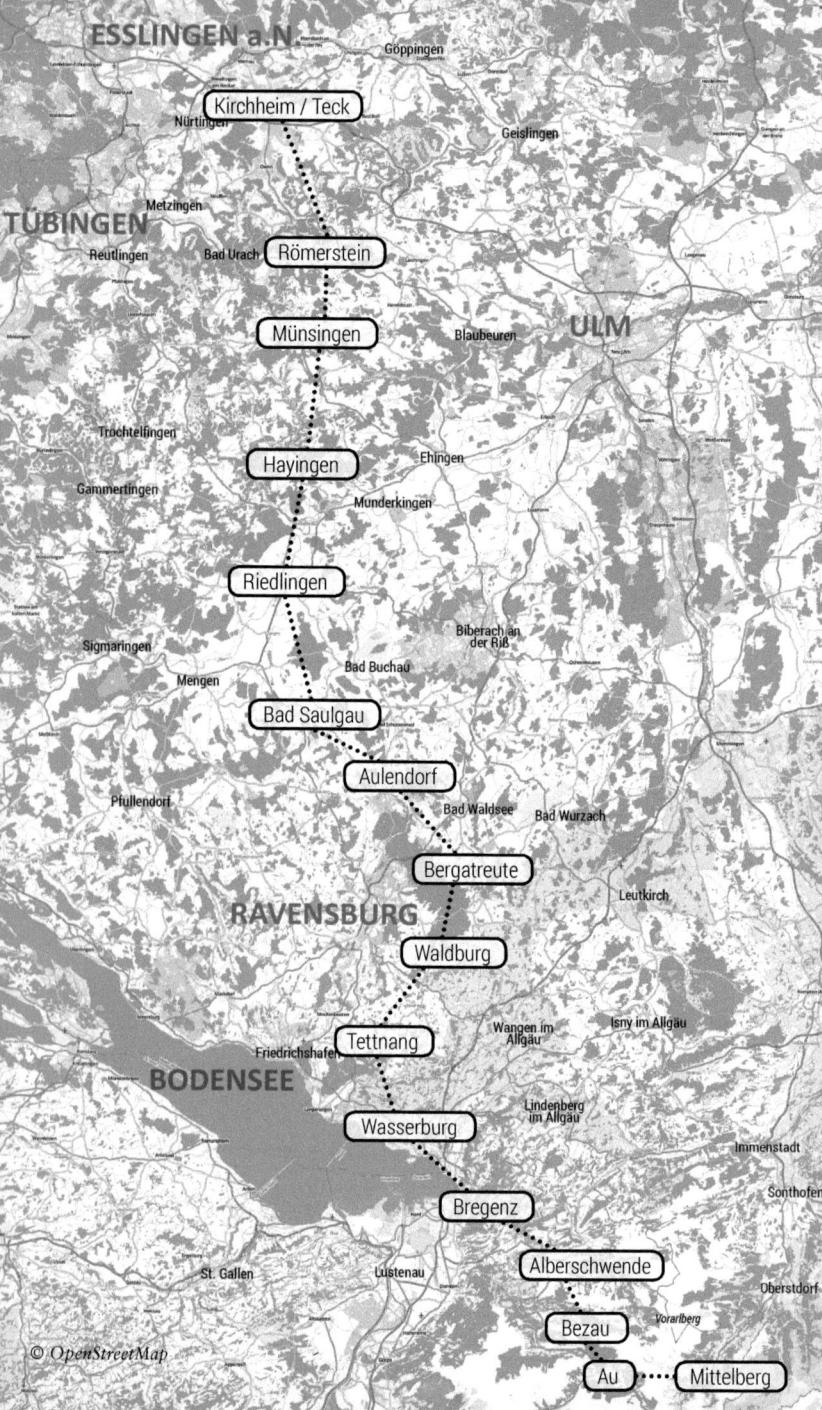

Erster Wandertag –
der mühsame Albaufstieg

Es war Sonntag, der 15. Juli 2012. Den weitgehend gepackten Rucksack hatte ich schon Tage zuvor bereitgestellt. Nur die letzten Teile einschließlich Verpflegung und Wasser packte ich noch ein. Den dick aufgequollenen Rucksack legte ich dann nochmals auf die Waage und siehe da, diese zeigte 13,5 Kilogramm an. Was dieses Gewicht tatsächlich bedeutete, bekam ich erst beim Aufsetzen auf den Rücken zu spüren. „Oh Gott, ist der schwer", bekundete ich spontan. Mein untrainierter Oberkörper beugte sich reflexartig nach vorne. Meine Frau schaute mich mitleidsvoll an. Sie wünschte mir nur noch alles, alles Gute. In besagter buckeliger Haltung verließ ich dann am späten Vormittag unser Haus in Kirchheim.

Jetzt geht's los!

Vielleicht ein paar Informationen zu meiner Heimatstadt,

dem Ausgangspunkt der Wanderung. Ich lebe seit Jahrzehnten hier und fühle mich ausgesprochen wohl. Kirchheim unter Teck liegt ungefähr 30 Kilometer südöstlich von Stuttgart, hat zirka 40000 Einwohner und gehört zum Landkreis Esslingen. Sie ist Fachwerk- Markt- und Einkaufsstadt, Stadt der Segelflieger und lebendiger Mittelpunkt der Region rund um die Burg Teck. Neben den Fachwerkhäusern sind in der historischen Altstadt die idyllischen Gässchen, die Martinskirche, das Schloss und der Wehrgang besonders sehenswert. Der Wehrgang gehörte einst zur unter Herzog Ulrich 1538 erbauten Landesfestung. Das Schloss, als Teil dieser Befestigung, war wiederum Witwensitz der Herzöge von Württemberg.

Vom Hochadel zurück zum Fußvolk und meinem geplanten Marsch. Ich wohne etwas außerhalb des Zentrums und musste deshalb zunächst bergabwärts zum Stadtrand und durch das Industriegebiet gehen. Weder in unserem Wohngebiet noch in der Stadt begegneten mir Menschen. So ist es halt am Sonntagmorgen. Und das war gut so, denn mein Anblick war sicherlich wenig ästhetisch und wirkte alles andere als sportlich. Auch hätte ich die Bekundung von weiterem Mitleid in dieser Anfangsphase meiner Wanderung nur schwer ertragen. Am Ende des Industriegebietes führte mich eine Fußgängerbrücke über die Autobahn, danach über Wiesen und Felder in Richtung Nabern, einem Vorort von Kirchheim. Natürlich kenne ich mich in dieser Gegend – unweit von zu Hause – noch bestens aus und konnte so meine ganze Kraft auf meinen Körper und den Rucksack konzentrieren. Das hatte ich auch bitter nötig. In Nabern saß ich im Ortskern auf einem Bänkchen und kam das erste Mal ins Grübeln:

Der Rücken tat weh, die Riemen des Rucksackes waren auf den Schultern deutlich zu spüren. Und das nach den paar Metern, die ich bisher gegangen war! Also begann ich mich mit der „Rucksacktechnik" etwas intensiver auseinanderzusetzen. Natürlich wäre es viel besser gewesen, dies schon früher zu tun. Nachdem der besagte Rucksack jedoch meine Frau schon erfolgreich durch einen „Wüstenmarsch" in Marokko geführt hatte, zweifelte ich nicht an seiner Eignung. Später las ich: Der Rucksack muss genauestens auf einen Körper abgestimmt sein. Na ja, so unpassend war er auch wieder nicht und mit einer besseren Verteilung des Gewichtes (auch auf die Hüften) und einem satteren Sitz des Rucksackes bekam ich das Problem deutlich besser in den Griff.

Nun kam ein erster, landschaftlich sehr schöner Abschnitt; lang entlang eines schmalen, betonierten Feldweges zwischen Nabern und Neidlingen. Nicht zuletzt deshalb ist er auch sehr populär zum Fahrradfahren. Ich wanderte auf ihm und bewunderte die Schönheit dieser Gegend direkt unterhalb der Schwäbischen Alb. Zunächst vorbei an Weilheim/Teck mit Blick auf sanfte Hügel, Weinberge in Hanglage, Kornfelder, Wald und die vorherrschenden Streuobstwiesen. Die Kirschenbäume der Streuobstwiesen waren bereits geerntet, Äpfel- und Birnenbäume hingegen trugen noch ihre Früchte.

Auch wenn die Blütezeit längst vorbei war, erinnerte ich mich beim Betrachten der Streuobstwiesen an das Frühjahr und die ganze Schönheit der Bäume- und Wiesenpracht; an das viel gepriesene „Streuobstparadies". Gedacht hatte ich aber auch an die zahlreichen Initiativen in unserer Region diesen Glanz zu erhalten. Die Bäume müssen gepflegt, die Früchte geerntet und die Wiesen gemäht werden. Und da hapert es am Interesse und Willen nachfolgender Generationen, beziehungsweise potentiell neuen Besitzern. Die Gründe liegen auf der Hand: Die Menschen haben zu wenig Sinn und Freude an der Natur, keine profitablen Erträge aus Ernten, die über den Eigenbedarf hinaus gehen, keine Lust oder keine Zeit und setzen andere Prioritäten innerhalb des riesigen Freizeitangebotes.

Kommunen und Landschaftsschutzverbände haben sich dem Problem angenommen. Sechs Landkreise gründeten einen Verein mit dem Ziel die Streuobstwiesen zwischen Alb und Hohenstaufen – eine der größten zusammenhängenden Streuobstlandschaften Europas – zu erhalten und besser zu vermarkten. Ob diese Initiative erfolgreich sein wird, ist allerdings ungewiss.

Zurück zu meiner Wanderung und nach Weilheim/Teck, wo ich gedanklich stecken geblieben war. Das Wahrzeichen von Weilheim ist die Limburg. Ein prächtiger Bergkegel. Knapp 600 Meter über den Meeresspiegel ragend. Die Limburg ist ein Teil des sogenannten Schwäbischen Vulkans, auf den ich gleich noch zu sprechen komme. Die reizvolle Landschaft beflügelte mein Gehen, vor allem weil ich mir bewusst wurde, in was für einer wunderschönen Gegend ich lebe. Bis vor der Abzweigung nach Hepsisau kam ich nun zügig voran. Dort erreichte mich eine erste aufmunternde SMS von Freunden mit den besten Wünschen für die Tour. Sozusagen ein weiterer Motivationsschub. Hepsisau liegt ausgesprochen idyllisch. Weniger romantisch schaute es allerdings zwischenzeitlich vom Himmel. Dieser war von Gewitterwolken behangen und ein erstes leichtes Donnern war deutlich zu hören. Noch hoffte ich, dass das drohende Gewitter an mir vorbeiziehen würde; schließlich hatte ich nun den anstrengenden Albaufstieg vor mir. Doch hatte ich falsch spekuliert: Gerade am Albrand bleiben die Gewitter oft hängen und so kam es, wie es kommen musste: Schon bald nach dem Einstieg in das Zipfelbachtal begann ein heftiger Gewitterregen begleitet durch starken Wind. Der schmale Weg entlang des Baches wurde glitschig und rutschig. Auch funktionierte das Handling mit meinem dick bepackten Rucksack zu diesem Zeitpunkt noch nicht so richtig. Bis ich den Regenschutz parat hatte, war ich bereits bis auf die Haut nass. Das lag allerdings nicht nur an dem starken Regen, sondern auch an der eigenen Körperausdunstung. Es war schwül, der Aufstieg steil und das Gepäck schwer. So konnte ich das mir von früheren Touren so wild romantisch in Erinnerung gebliebene Zipfelbachtal kaum genießen.

Klatschnass – von innen und von außen – trottete ich bergaufwärts. War der Rucksack schon auf der Ebene schwer, bekam ich nun zu spüren, was es bedeutete mit diesem Gewicht steil nach oben zu steigen. Erschöpft erreichte ich schließlich über das Randecker Maar die Hochebene der Schwäbischen Alb. Das Randecker Maar ist ein ehemaliger Vulkanschlot am Trauf der Schwäbischen Alb, der durch Vulkanismus vor rund 17 Millionen Jahren entstand. In der Zeit nach der Vulkanaktivität bildete sich in der Senke ein Maarsee. Heute wird das Randecker Maar vom Zipfelbach entwässert, den 20 Quellen speisen. Ja, und wie bereits geschildert, war ich ja bei einer überstarken Entwässerung durch den Zipfelbach live mit dabei.

Randecker Maar mit Blick auf die Limburg

Es hatte aufgehört zu regnen und die Sonne kam zeitweise wieder durch den immer noch wolkenbehangenen
Himmel. Ich musste eine längere Pause einlegen. Tisch
und Bank, wenn auch beides ziemlich feucht, fanden sich
schnell. Schließlich sortierte ich Rucksack und Kleidung
neu und setzte meinen Marsch fort. Die Vorzüge der
„Funktionswäsche" sorgten dafür, dass alles gut trock-
nete und sich meine Haut schon bald wieder angenehmer
anfühlte.

Im nächsten Abschnitt wanderte ich auf steinigem Weg
am Rande der Gemeinde Schopfloch. Diese Strecke
brachte mir eine weitere, eher unangenehme Erfahrung:
Die spitzen Steine waren deutlich durch die Schuhsohle
zu spüren. Hatte ich hier einen Fehler gemacht? Wander-
erprobte Freunde hatten mir doch empfohlen, gut ein-
gelaufene Schuhe zu verwenden. Meine Trekkingschuhe

schienen allerdings nicht nur eingelaufen, sondern „das Verfalldatum" bereits überschritten zu haben. Meine Füße schmerzten auf dem steinigen Terrain jedenfalls stark.

Oberhalb von Schopfloch, wieder auf gutem Weg, kam ich am Habrechtshaus vorbei, ein auf der Anhöhe und direkt am Wald idyllisch gelegenes Gasthaus. Ich kannte es von früheren Besuchen. Es bietet eine gut bürgerliche Küche und hat einen wunderschönen Biergarten. Und wer dort etwas zu feiern hat, kann zudem preisgünstig übernachten. Den Hügel gemeistert ging's alsbald wieder leicht bergab in Richtung Pfulb. Ein Gebiet mit Skiliftbetrieb im Winter.

Dort hatte ich als Kind Skifahren gelernt. Heute war der Schlepplift natürlich außer Betrieb. Also ging ich auf „Schusters Rappen" wieder bergauf. „Auf und nieder immer wieder" hatte ich nun glücklicherweise überstanden.

Über den Buckel der Pfulb gelangte ich auf die Straße, die nach Römerstein-Böhringen führte. Meine Füße schmerzten immer noch, so zog ich es vor, direkt der Straße entlang auf dem kürzesten Weg zu gehen. Es herrschte ohnehin wenig Straßenverkehr. Ein Nachteil war allerdings, dass ich keine weitere Möglichkeit zum Sitzen und Ausruhen fand. So gelangte ich auf einen kleinen Autorastplatz unterhalb des Römersteins, einem Aussichtsberg mit Turm, der mit 874 Metern gleichzeitig die höchste Erhöhung der Mittleren Alb darstellt. Leider gab es auf dem darunterliegenden Rastplatz weder Bank noch Tisch. Jetzt sollte sich erstmals ein Geschenk für die Wanderung von der Patentante meiner Frau bewähren. Es war ein winzig kleiner, nur grammschwerer Klappstuhl. Gott sei Dank hatte ich ihn mitgenommen. Ich schnallte den Rucksack ab, setzte mich auf den Stuhl und ruhte mich vor dem noch folgenden letzten Abschnitt aus. Es können doch nur noch ein paar hundert Meter sein, dachte ich mir noch, als ich das Dorf Böhringen bereits vor Augen hatte. Doch die Straße wollte nicht enden. Schließlich erreichte ich das Dorf und auch den Gasthof, wo ich das Zimmer reserviert hatte.

Es war schon später Nachmittag als ich den Schlüssel entgegennahm, mein Zimmer bezog und mich sofort auf das Bett legte. Ich kann mich nicht erinnern, in den letzten Jahren einmal so schnell eingeschlafen zu sein. Ungefähr eine Stunde später wachte ich auf und spürte ein unangenehmes Brennen an den Füßen. Die Schmerzpunkte ließen sich schnell lokalisieren: Es waren zwei große Blasen am Ballen beider Füße. Ich versorgte sie sogleich mit einem speziellen Pflaster – sozusagen einer zweiten Haut. Das half, jedenfalls hatte ich im weiteren Verlauf meines Marsches kaum noch Probleme. Sicherlich lag dies auch am Wechsel meines Schuhwerks. Ab dem zweiten Tag wanderte ich in Joggingschuhen. Trotz Müdigkeit raffte ich mich auf, um in dem Gasthof noch etwas Warmes zu essen. Appetit hatte ich wenig. Wahrscheinlich war ich zu sehr erschöpft: von der körperlichen Anstrengung des Albaufstiegs und vielleicht auch von den emotionalen Ereignissen der letzten Tage.

Ich betrat die Gaststube und setzte mich auf einen der noch wenigen freien Plätze – direkt neben zwei ältere Damen. Es waren Geschwister, wie ich schnell feststellte; und es war wohltuend ihnen zuzuhören: Sie sprachen über Gott und die Welt. In spürbarer Zufriedenheit über ihr Leben und in gegenseitiger Wertschätzung. Als sie ihre kleineren Reisen thematisierten und beide von der schönen Stadt Bregenz, dem Hausberg Pfänder und dem herrlichen Rundblick von dort aus schwärmten, brachte ich mich in die Unterhaltung ein. Schließlich lag Bregenz auf der Route meiner Wanderung. Zudem war ich mittlerweile dank Schnitzel und Bier wieder etwas besser bei Kräften. Also erzählte ich über mein Vorhaben. Die beiden Damen waren beeindruckt, gleichzeitig jedoch auch ein wenig verwundert. Dieses Gefühl hatte ich jedenfalls. Und dennoch half es mir in einen netten Dialog mit ihnen zu treten. Unter anderem berichteten sie über ihr „Business". Beide waren im Rentenalter und selbstverständlich – im Gegensatz zu mir – noch voll aktiv. Vielleicht rührte auch daher die Verwunderung über mein aktuelles Tun im Alter von noch nicht mal 60 Jahren.

Die eine Dame betrieb auf der Alb eine Hühnerhaltung in größerem Stil. Sie informierte mich kompetent über die Vor- und Nachteile der Boden- und Freilandhaltung und lobte die Qualität der auf ihrem Hof erzeugten Eier. Der Verkauf würde unter anderem über den Wochenmarkt in Kirchheim erfolgen und auch die Hotels in Kirchheim würden zu ihrer treuen Kundschaft zählen. Die von der Frau leidenschaftlich vorgetragenen Eigenschaften ihrer Erzeugnisse überzeugten mich. Sie wirkte ausgesprochen glaub- und vertrauenswürdig auf mich. Die Schwester kam von einem Ort unterhalb der Schwäbischen Alb. Ihre Familie brannte im Nebenerwerb Spirituosen. Auch das klang sehr gediegen, obwohl ja Schnäpse nicht so meine Sache sind. Ich trank dann lieber noch ein Glas Bier und zog mich beizeiten auf mein Zimmer zurück.

Resümee und Highlights des ersten Wandertages:

Die Landschaft am Fuße der Schwäbischen Alb, am Albtrauf und auf der Alboberfläche war ebenso schön wie abwechslungsreich. Das kräftige Gewitter samt „erfrischender Dusche" tat dem keinen Abbruch. Den anstrengenden Albaufstieg hatte ich allerdings etwas unterschätzt. Deshalb war auch die Tour mit insgesamt über 23 Kilometern gleich für den ersten Tag etwas zu lang.

Turbogesellschaft

Bei meinem Wanderabschnitt rund um Weilheim/Teck hatte ich über das viel gepriesene Streuobstparadies berichtet. Aber auch über Probleme und Gründe warum es so viel Anstrengung kostet, diese Landschaft zu erhalten. Der Faktor Zeit spielt dabei eine wichtige Rolle. Und da muss ich mich an der eigenen Nase packen. Auch ich besitze eine kleine Streuobstwiese und spendierte in der Vergangenheit viel zu wenig Zeit, um sie fachgerecht zu bearbeiten. Jedenfalls pflegte ich weder die Bäume, noch erntete ich deren Früchte vollständig. Nur die Wiese mähte ich regelmäßig, um gelegentlich mit der Familie oder Freunden dort grillen oder immer mal wieder ganz alleine entspannen zu können. Die Gründe für dieses Verhalten sind mannigfaltig. Natürlich waren die letzten zwei Jahrzehnte für mich die wichtigsten und intensivsten: Beruf, Karriere, gemeinsame Erziehung der Kinder, Begleitung in die Ausbildung und vieles mehr.

Vielleicht ist es jedoch gerade das „vieles mehr", was uns so in Bedrängnis bringt. Das Phänomen der Turbogesellschaft oder wie es der renommierte Zukunftsforscher Prof. Dr. Horst W. Opaschowski in einem seiner Vorträge ausgedrückt hat: das Phänomen der Schnelllebigkeit in einer „Nonstop-Gesellschaft". Schon vor vielen Jahren hatte ich auf einem Vortrag von ihm notiert:

Die Menschen werden immer rastloser +++ Im Grunde genommen nicht auf irgendein Ziel hin, sondern immer von etwas weg +++ Aus jedem Tag und jeder Stunde muss so viel wie möglich herausgeholt werden +++ Sie finden nicht

*mehr zu sich selbst und leben das Gegenteil von Lange-
weile +++ Nach dem Motto: Man lebt und konsumiert im
Hier und Jetzt.*

*Rast- und Ruhelosigkeit geben also den Ton an. Natürlich
spielt in all diesem Verhalten auch die moderne, auf allen Gebieten vernetzte Welt mit ihren grenzenlosen Möglichkeiten eine große Rolle. Dennoch stellt sich die Frage,
wie gut uns das alles bekommt und wie glücklich es uns
tatsächlich macht. Jedenfalls wirken die Menschen eher
hektisch und gereizt. Und trotzdem suchen sie nach dem
Glück. Nach Aussage des österreichischen Zukunftsforschers Klaus Kofler, der sich auf eine entsprechende Studie
beruft, rangieren die Deutschen hier allenfalls auf einem
Mittelplatz.*

*Turbogesellschaft – meine persönlichen Gedanken und
Anstöße für Veränderungen:*

*Weniger ist mehr; nicht jeder Modeerscheinung hinterher
springen; auf permanente Erreichbarkeit und Multitas-
king verzichten; lernen Nein zu sagen und sich entbehrlich
zu machen; vom globalen Reisefieber nicht infizieren lassen; das tun, was einem persönlich gut tut und nicht das,
was am meisten Anerkennung bringt; zum Alltag immer
wieder Abstand gewinnen und nach einem persönlichen
Rückzugsort suchen. Der letzte Punkt ist mir besonders
wichtig. Nicht um in eigener Sache etwas Werbung zu machen oder dem Ergebnis meiner Wanderung vorwegzugrei-
fen. Nein, es geht darum, den für sich passenden Ort zu
finden. Egal, ob einsam auf einer Insel, auf einer Hütte in
den Bergen, oder auf dem Hof eines Bauern; entscheidend
ist, zu sich selbst zu finden, zum Nachdenken zu kommen,*

den Turbo herauszunehmen und zu entschleunigen.

Wir können dem Alltag nicht dauerhaft entfliehen, aber wir können eine Auszeit von ihm nehmen. Und damit zumindest ein Stück weit das uralte Zitat von Mahatma Gandhi beherzigen:

„Es gibt Wichtigeres im Leben, als beständig dessen Geschwindigkeit zu erhöhen."

Zweiter Wandertag –
Wandern durch den Schießplatz

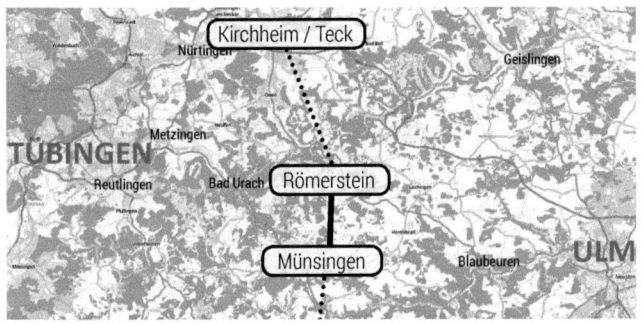

Nach der ersten Nacht wachte ich müde auf. Ein vorsichtiger Blick durch das Fenster ermutigte mich jedoch: Das Wetter hatte sich stabilisiert, ja, die Sonne blitzte sogar ein bisschen durch. Mit dem Gastwirt hatte ich für das Frühstück acht Uhr vereinbart. Ich ging durch die engen, etwas dunklen Räumlichkeiten der Pension in den Gasthausteil. Auch dort waren alle Lichter aus und von Frühstücksservice keine Spur. Ich wartete gut zehn Minuten, dann kamen zwei weitere Gäste, die im Hause übernachtet hatten, hinzu. Ein älteres Ehepaar, das wohl auf der Durchreise war. Nun harrten wir gemeinsam der Dinge. Nach weiteren zwanzig Minuten kam dann schließlich auch jemand vom Hause. Es sei verziehen, schließlich war es Montagmorgen und die Wirtsleute hatten ein anstrengendes Wochenende mit zahlreichen Gasthausbesuchern hinter sich.

Frisch gestärkt und gut besattelt verließ ich schließlich den Gasthof. Mit einem Unterschied zum Vortag: Ich zog meine Joggingschuhe an und hängte die Trekkingschuhe an den Rucksack. Diese Maßnahme bewährte sich schon nach kürzester Zeit, denn der erste Abschnitt führte mich auf einen Fahrradweg parallel zur B 28. Richtig wohltuend wurde jeder Schritt auf dem harten, asphaltierten Weg von den Sohlen abgedämpft. Ich kam zügig voran und erreichte schon bald die über 800 Meter hoch gelegene Gemeinde Zainingen, ebenfalls ein Ortsteil von Römerstein. Dort suchte ich nach einem Laden und einer Annahmestelle für Post. Im schön gelegenen Ortskern wurde ich schließlich fündig. Es ist ein Laden, indem auch Post aufgegeben werden kann. Also kaufte ich mir dort zunächst meine Tagesration an Essen und Trinken. Die Postannahmestelle brauchte ich nicht etwa um eine erste Grußkarte, sondern mir überflüssig erscheinende Kleidung nach Hause zu schicken. Es war sogenannte „Ausgehkleidung", die ich für meine abendlichen Aufenthalte in den Gasthäusern vorgesehen hatte. Schon am ersten Tag wurde mir klar, dass ich darauf verzichten kann. Viel wichtiger war, das Gewicht des Rucksackes zu reduzieren. Ich entledigte mich also von knapp zwei Kilogramm und bastelte direkt vor dem Laden das Paket. Dann suchte ich noch nach einer Möglichkeit meine Trekkingschuhe zu entsorgen; es war partout kein Mülleimer oder Ähnliches zu finden, also hängte ich sie wieder an meinen Rucksack.

Die ganze Prozedur hatte ein älterer Herr beobachtet. Schon am Äußeren konnte ich erkennen: Das ist kein typischer Bewohner der Schwäbischen Alb mit den Charaktereigenschaften rau, aber herzlich und wortkarg. Er sprach mich sofort an und fragte nach meinem Vorhaben. Noch wichtiger schien ihm allerdings etwas über sich zu erzählen: Er wäre 85 Jahre alt, von Australien und hier bei seiner Tochter zu Besuch. Schon Jahrzehnte würde er in Australien leben und hätte es dort zu beachtlichem Wohlstand gebracht. Ein bisschen schien er allerdings den Sommer auf der Schwäbischen Alb mit seiner Wahlheimat Australien verwechselt zu haben. Jedenfalls trug er an diesem noch recht kühlen, windigen Vormittag auf der Alb eine kurze Hose, T-Shirt und Sandalen. Nach dem unterhaltsamen Dialog, oder besser gesagt Monolog, wünschte er mir alles Gute und ich suchte den Einstieg in das Biosphärengebiet „Münsinger Hardt".

Münsinger Hardt

Hierbei handelt es sich um einen ehemaligen Truppenübungsplatz. Man könnte auch sagen der letzte „weiße Fleck" Baden-Württembergs, denn der Zutritt zu diesem 100 Jahre alten Militärgelände auf der Schwäbischen Alb war für die meisten Menschen strengstens verboten. So entwickelte sich in der unzugänglichen Landschaft eine einmalige Fauna und Flora. Dieser wertvolle, allerdings mit Munitionsresten kontaminierte Naturraum, sollte ungeteilt erhalten bleiben.

Seit 2006 darf er von Jedermann wieder betreten werden; auf markierten, betonierten Wegen – zu Fuß oder auch mit dem Fahrrad. Gleichzeitig wurde das Münsinger Hardt 2009 Herzstück und Teil des von der Unesco offiziell anerkannten Biosphärengebietes. Das erste Baden-Württembergs mit einer Ausdehnung von über 85000 Hektar über die Regierungsbezirke Stuttgart und Tübingen.

Ich hatte das Vergnügen das einzigartige Gelände im Münsinger Hardt bereits 2003 einmal betreten zu dürfen. Ein kurzer Rückblick: Es war das Jahr meines 50sten Geburtstages. Ein mir ganz wichtig erscheinender Ehrentag in meinem Leben. Jedenfalls plante ich zwei große Feste. Das eine mit Verwandten und Freunden; das andere mit Kolleginnen und Kollegen aus der Firma. Austragungsort war übrigens beide Male meine bereits erwähnte Streuobstwiese. Natürlich hatte ich von den eingeladenen Gästen auch mit der Frage zu rechnen, was ich mir denn so wünschen würde. Also machte ich mir frühzeitig Gedanken. Und nachdem die Feier in der freien Natur stattfinden sollte, gedachte ich auch für diese etwas Besonderes zu tun. Anstatt Geschenke für mich wünschte ich mir Bares für den Erhalt des Münsinger Hardts.

Zu diesem Zeitpunkt stand die Zukunft des Geländes noch völlig offen. Es gab durchaus auch kommerzielle Überlegungen bis hin zu einer Straßenführung durch das Gebiet. Mitglieder des BUND (Bund für Umwelt und Naturschutz) hatten sich jedoch in leidenschaftlichen Kampagnen für den Erhalt dieser einmaligen Landschaft stark

gemacht und zu Spenden aufgerufen. Das hatte mich überzeugt und so versprach ich für diesen guten Zweck einen
kleinen Obolus zu entrichten. Als „Gegenleistung" hierfür wurde mir die Teilnahme an einer exklusiven Exkur-
sion durch das Anwesen zugesagt. Wenn ich mich richtig
erinnere, war neben der Regional-Geschäftsführerin des
BUND auch der Naturschützer Günter Künkele mit dabei. Einer der besten Kenner des Biosphärengebietes und
Autor mehrerer Bücher. Die fachkundige Führung war
jedenfalls beeindruckend. Ich sah eine vielfältige und einzigartige Pflanzenwelt, so wie beispielsweise die gar nicht
so gewöhnliche „gewöhnliche Küchenschelle". Dass das
Gebiet auch zum Vogelparadies geworden war, bestätigte
ein vielstimmiges, geradezu berauschendes Konzert dieser
Artgenossen. Mehr war allerdings nicht zu hören, denn
im Zentrum des Münsinger Hardts herrschte absolute
Ruhe. Keine Geräusche – weder von Industrie, Verkehr
oder Menschen.

All diese Erinnerungen wurden wach als ich nun im Juli
2012, genau neun Jahre später, das Gelände wieder betrat;
ganz offiziell und ohne Begleitung. Ich fand schnell den
Einstieg. Es war Montagmorgen und weit und breit kein
Mensch unterwegs. Allenfalls ein paar Schafherden begegneten mir. So wanderte ich durch dieses wunderschöne Gebiet in Richtung Gruorn. Der leichte Wind sorgte
für eine ganz besondere Stimmung: Der Himmel tat sich
auf und zu, teilweise stahlblau und dazwischen faszinierende Wolkenbilder; die langen Gräser der heideartigen
Landschaft bewegten sich in sanftem Rhythmus. Ja, das
hatte schon fast einen meditativen Charakter und tat mir
nach dem anstrengenden ersten Tag richtig gut. Nach

etwa einer Stunde erreichte ich im Westteil des Geländes das seit 1938 verlassene Dorf Gruorn. Es war 1939 zur Erweiterung des ehemaligen Truppenübungsplatzes völlig geräumt, die Bewohner waren „zwangsumgesiedelt" worden. Als ich dort ankam war Gruorn im wahrsten Sinne des Wortes verlassen. Kein einziger Wanderer neben mir hatte den Ort so um die Mittagszeit aufgesucht.

Ich packte mein Vesper aus und nutzte einen der bereitstehenden Klappstühle. Gleichzeitig genoss ich das Ambiente des verlassenen Dorfes mit seiner schönen Stephanus-Kirche und dem alten Schulhaus. Der ebenfalls in unmittelbarer Nähe befindliche Friedhof war gut einsehbar. Mit seiner wilden und vom Wind bewegten Blumen- und Pflanzenpracht, wirkte er allerdings etwas unheimlich auf mich; eine Art von Friedhofsstimmung wie in einem besseren Edgar Wallace-Krimi. Um mich abzulenken besann ich mich daher auf ein ganz anderes Thema, nämlich das der Entsorgung meiner Trekkingschuhe. Diese baumelten ja noch immer an meinem Rucksack. Ich entdeckte einen großen, leeren Mülleimer und genau dort steckte ich sie hinein.

Friedhof von Gruorn

Ich verließ Gruorn und hatte nun nur noch einen kurzen Abschnitt durch das Biosphärengebiet des Münsinger Hardts. Direkt nach dem Verlassen des Sperrbezirkes und vor der Gemeinde Trailfingen begegnete mir ein Fahrradfahrer. Sein Rennrad und auch seine Sportbekleidung wirkten auf mich ausgesprochen professionell und hätten auch die eines Tour de France-Teilnehmers sein können. Der Mann hatte den Körper eines Modellathleten. Doch was wollte er von mir? Er erzählte mir, dass er von Böhringen wäre und mich schon heute Morgen beim Verlassen des Gasthofes beobachtet hätte. Nach der kurzen Information zu meiner Person und meinen Ambitionen gab er mir einen kleinen Nachhilfeunterricht in Sachen: Was man als Rentner alles so tun und machen sollte. Schließlich war er 66 Jahre alt und hatte schon viel Erfahrung. Die sportlichen Aktivitäten nahm ich ihm voll und ganz ab; da leistete er sicherlich Beachtliches und bewegte sein

Radel Hunderte von Kilometern; auch der Umfang seiner Oberschenkel belegte dies. Dagegen wirkte mein Körper eher schmächtig und untrainiert. Mir war es an jenem Tag jedoch nur wichtig, dass er mich noch gut und unversehrt an mein Tagesziel brachte. Ich verabschiedete mich und marschierte durch die kleine Gemeinde Trailfingen in Richtung Münsingen.

Nach dem Ortsausgang von Trailfingen ging es zunächst steil bergauf. Die Nachwehen des anstrengenden ersten Tages spürte ich nun deutlich. Meine Füße schmerzten. Gott sei Dank war die heutige Tagestour mit ungefähr 17 bis 18 Kilometern deutlich kürzer und insgesamt auch viel bequemer zu gehen. Als ich oben am Berg ankam, hatte ich Münsingen im Blick. Beim Bergabwärtsgehen mit schöner Aussicht auf die noch nicht gedroschenen Kornfelder kam mir eine Sitzbank wie gelegen. Zu einem lag ich noch gut in der Zeit und zum anderen war es mittlerweile deutlich wärmer geworden. Ich genoss die Sonnenstrahlen in vollen Zügen. Überhaupt hatte ich wohl die Kraft der Sonne den ganzen Tag über – getäuscht durch den Wind und die kühleren Temperaturen im Schatten – etwas unterschätzt. Jedenfalls brannte am Abend mein Gesicht. Doch der Reihe nach: Zunächst musste ich mein zweites Quartier finden. In einer Stadt mit rund 15000 Einwohnern ist dies schon ein wenig schwieriger als auf dem Dorf. Also testete ich mein „GPS-Outdoorgerät". Und es funktionierte auf Anhieb. Dass sich allerdings unter der gleichen Hausnummer gleich zwei Hotels befanden, war für mich etwas irritierend. Meine Kraft und Konzentration reichte jedoch noch aus, um das Richtige zu finden. So bezog ich Quartier in einem ehemaligen Krankenhaus, das zu einem sogenannten „Aktiv-Hotel" umgebaut wurde. Alles war frisch renoviert und das Hotel stand wohl in den Anfängen, was auch an der Anzahl der Gäste (am anderen Morgen entdeckte ich einen zweiten Übernachtungsgast) zu spüren war. Die Besitzerin war entsprechend bemüht und so wurde ich bestens bedient. Das Zimmer war ausgesprochen groß und gepflegt, so nahm ich auch den Nachteil mit Klo und Dusche auf der Etage gelassen zur Kenntnis. Vielleicht auch deshalb, weil weit und breit keine weiteren Gäste zu sehen waren.

Übrigens, die Größe dieses Zimmers wusste ich erst am Ende meiner gesamten Tour so richtig zu schätzen. Denn es kamen noch einige kleine, vereinzelt auch sehr kleine Räume auf mich zu. Da ich jedoch jeden Abend einen Teil meiner „Funktionswäsche" auswaschen und trocknen musste, war dies ein nicht unwesentlicher Faktor. In Münsingen hatte ich jedenfalls allerbeste Bedingungen, um meine Wäsche aufzuhängen und zu trocknen. Und das alles bei einem schönen Panoramablick in die Stadt. Zu essen gab es freilich in dem ehemaligen Krankenhaus nichts, so dass ich am Abend noch den kurzen Weg ins Stadtzentrum gehen musste.

Resümee und Highlights des zweiten Wandertages:

Das Landschaftsbild im Münsinger Hardt ist einzigartig und faszinierte mich auch ein zweites Mal. Die amüsanten Begegnungen mit Menschen gaben dem Tag die richtige Würze. Die Länge der Strecke war nach dem anstrengenden ersten Tag genau richtig; das trockene, mäßig warme Wetter geradezu ideal zum Wandern.

Mobilitätseffekte

Ich berichtete über den wohltuenden Weg meines zweiten Wandertages im Münsinger Hardt: weitläufig, anmutend, verlassen und still. Im krassen Gegensatz dazu steht die Verkehrssituation in den nur wenige Kilometer entfernten Ballungszentren. Natürlich handelt es sich hier um eine ganz andere Welt. Der Personennah-, Fern-, sowie der Güterverkehr auf den Straßen einer wirtschaftsstarken Region müssen geregelt sein. Und dennoch komme ich beim Betrachten aller Begleiterscheinungen etwas ins Grübeln:

Zunehmend aggressives Fahrverhalten +++ Autos rasen mit über 200 km/h über die Autobahnen +++ Zu hohes Tempo ist für besonders dramatische Unfälle verantwortlich +++ Die Zahl der Verkehrstoten geht zwar insgesamt zurück, steigt jedoch auf Autobahnen deutlich an +++ Durchschnittlich sterben bundesweit und täglich fast zehn Menschen im Straßenverkehr und mehr als 1000 werden verletzt +++ Extrem starker Güterverkehr durch Lastkraftwagen verursacht Straßenschäden und hohe Instandhaltungskosten +++ Permanente Staus hervorgerufen durch hohes Verkehrsaufkommen, Baustellen und Unfälle +++ Feinstaubwerte in den Großstädten werden deutlich überschritten +++ Die Geräusch- und Schadstoffbelastung wird für viele Menschen unerträglich +++ Namhafte deutsche Automobilhersteller setzen immer noch auf Premiumfahrzeuge und verpassen die Vorreiterrolle für alternative, umweltfreundliche Antriebssysteme.

Was sagt eigentlich die Wissenschaft zum Thema Ver-

kehr und Mobilität? Im vergangenen Jahr hatte ich die Gelegenheit dazu Prof. Dr.-Ing. Becker in einem Vortrag zu hören. Er ist Inhaber des Lehrstuhls für Verkehrsökologie an der TU Dresden. Er führte unter anderem aus: „Auch wenn Wachstum wichtig ist, bedeutet Fortschritt immer zugleich auch ein größeres Verkehrsaufkommen. Ganz wichtig ist es daher, genau zwischen Mobilität und Verkehr zu unterscheiden und sich bewusst zu machen, dass es bei allen Zukunftsüberlegungen stets darum gehen muss, bedürfnisgerechte Mobilität mit immer weniger Verkehr anzustreben." Er sprach auch davon, dass der öffentliche Personenverkehr deutlich zukunftsfähiger sei, als der Individualverkehr. Und vor allem brachte er zum Ausdruck, dass ein unreflektiertes „weiter so", uns in eine Sackgasse führen würde.

Verkehr/Mobilität – meine persönlichen Gedanken und Anstöße für Veränderungen:

Zunächst einmal muss sich der Verkehr auf den Straßen schon deshalb reduzieren, damit wir überhaupt noch auf ihnen fahren können und nicht permanent im Stau stecken bleiben. Fahrgemeinschaften und öffentliche Verkehrsmittel sind Alternativen. Dort wo der Individualverkehr unverzichtbar ist, sollte er sich von einem hektischen Rennen auf seinen zur Verfügung stehenden Straßen und insbesondere Autobahnspuren langsamer, gelassener und damit sicherer und fließender bewegen. Dies alles unter Nutzung einer möglichst schadstoffarmen, beziehungsweise auch schadstofffreien Motorisierung.

Stichwort Motorisierung: Die deutsche Automobilindustrie sollte ihre Vormachtstellung nicht durch Pferdestär-

ken und Hubraum behaupten, sondern durch Fortschritt auf anderen Feldern. Der bereits beschrittene Weg sollte konsequent fortgesetzt werden: reduzieren von Schadstoffwerten, Fahrzeuggewicht und -geräusch; erhöhen des Fahrzeugkomforts und der Sicherheit. Vor allem jedoch sollte sie sich mit der nachhaltigen Entwicklung umweltfreundlicher Antriebssysteme beschäftigen. Während hierzulande zur E-Mobilität noch über fehlende Geschäftsmodelle diskutiert und bei der EU um Verlängerung der CO_2-Grenzwerte gekämpft wird, führen andere Länder solche Fahrzeuge bereits offensiv ein – überwiegend nicht aus deutscher Bezugsquelle. Skandinavien und dort insbesondere Norwegen spielen eine Vorreiterrolle. Natürlich mit staatlichen Finanzhilfen für den Käufer, aber dies macht allemal Sinn, wenn man eine umweltfreundlichere Zukunft ernst nimmt. Vielleicht können auch wir als potentielle Käufer deutscher Automobile der Industrie etwas Beine machen, indem wir nach Elektromobilität, nach Hybrid- und Wasserstofftechnik oder nach Fahrzeugen mit absolut verbrauchsarmen Verbrennungsmotoren fragen.

Auch wenn wir auf deutschen Fernstraßen schon vielfach Tempolimits haben, steht eine generelle Regelung nach wie vor aus. Das ist einmalig auf der Welt und auch nicht mit dem technischen Fortschritt samt reduzierten Schadstoffwerten der Fahrzeuge zu argumentieren. Fahren ohne Geschwindigkeits-Einschränkungen darf nicht zur Lobby der deutschen Automobilindustrie werden. Zweifellos ein sehr wichtiger, erfolgreicher und unverzichtbarer Wirtschaftssektor, an dem viele Arbeitsplätze hängen. So wie diese Branche in der Vergangenheit mit ihrer erfolgreichen Modellpolitik die internationalen Märkte eroberte, sollte sie nun als Pionier die neue Ära in einen umweltfreundlichen Individualverkehr einleiten.

Und trotzdem müssen wir alles tun, um den Ausbau und die Nutzung öffentlicher Transportmittel voranzutreiben. Das derzeitige Angebot kann hinsichtlich Vielfalt, Technik, Umweltfreundlichkeit und Zuverlässigkeit nicht das Ende unserer Anstrengungen sein. Vielleicht gibt es ja Ideen, die nicht nur uns helfen, sondern darüber hinaus internationales Interesse wecken. Das schafft neue Industriezweige und sichert zusätzliche Arbeitsplätze. Von der Zukunftsmusik zu dem, was kurz- und mittelfristig erstrebenswert ist: Es sollte alles versucht werden, um den Gütertransport stärker von der Straße auf die Schiene zu verlagern. Mitunter begründet der starke LKW-Güterverkehr das Verkehrschaos und die beträchtlichen Schäden auf unseren Straßen. Für die starke LKW-Frequenz sind freilich auch wir selbst durch unser Konsumverhalten mit verantwortlich. Mehr dazu in einem späteren Kapitel.

Nochmals zurück zu den „Rasern" auf der Straße: Ich wohne eigentlich mit ausreichendem Abstand zur Autobahn A 8. Unglücklicherweise ist jedoch gerade auf diesem Abschnitt die Geschwindigkeit nicht begrenzt. Die permanente Frequenz auf der dreispurigen Fahrbahn ist die eine Seite; das starke Geräusch resultiert jedoch vor allem aus den hohen Geschwindigkeiten der Fahrzeuge. Somit schließt sich der Kreis meiner Gedanken mit dem Ausgangspunkt „Stille" in die Welt der permanenten Geräuschkulisse und -belästigung. Je nachdem wie stark die Menschen dieser unfreiwillig oder auch freiwillig ausgesetzt sind – gesundheitliche Schäden sind vorprogram-

miert. Ich möchte meinen schönen Wandertag jedoch mit einem aufmunternden Zitat abschließen:

„Glücklich, der im Lärm der Zeit einen Hauch von Stille vernehmen kann." (Helga Schäferling)

Dritter Wandertag –
das Große Lautertal und allzu großes
Vertrauen in das GPS-Gerät

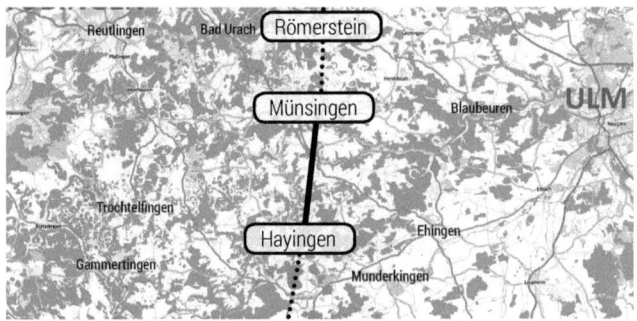

Heute stand wieder ein längerer Streckenabschnitt auf meinem Programm. Schätzungsweise 23 Kilometer – auf ebenem und auch bergigem Terrain. Also am besten ausgiebig frühstücken und gut gestärkt in den Tag. Ein wenig musste ich mich dazu überwinden. Leidenschaftlich gern zu frühstücken war noch nie so meine Sache. Deshalb dauerte es auch etwas länger. Nachdem ich jedoch allein im Frühstücksraum saß, fiel dies nicht weiter auf. Mit Ausnahme der Inhaberin, die im Hintergrund wirkte und wahrscheinlich sehnlichst darauf wartete, dass ich endlich fertig werden würde. Schließlich war es soweit. Ich wurde freundlich verabschiedet und bekam noch ein paar hilfreiche Tipps für den schnellsten Weg durch die Stadt hinein in den dritten Wanderabschnitt.

Am Stadtausgang streifte ich zunächst Wiesen mit Obstbäumen, sowie schön gelegene Wochenendgrundstücke mit Gartenhäuschen. Schließlich gelang ich bergaufwärts in eine weitläufige Landschaft aus Wiesen, Weiden, Korn- und Maisfeldern – und auch Wald. Der erste Abschnitt führte mich direkt an der Schnittstelle zwischen Waldes- rand und Feldern entlang, was an diesem Morgen beson- ders reiz- und stimmungsvoll war. Danach ging der Weg direkt durch den Wald. Buchen, Eichen, Lerchen, Ahorn, Fichten und Tannen wechselten sich ab. Die Bäume wa- ren teilweise sehr dicht gewachsen. Und doch überrasch- ten immer wieder reizvolle Lichtungen, die sich inmitten des Waldes öffneten. Wohl ein geradezu ideales Gelände für einen Friedwald. Nachdem ich bereits am Vortag die Bekanntschaft mit einem außergewöhnlichen Friedhof ge- macht hatte, entdeckte ich nun das Schild „FriedWald". Eine Art Markenzeichen für eine neue, alternative Form der Bestattung. Die Asche Verstorbener wird in einer bio- logisch abbaubaren Urne an den Wurzeln eines Baumes beigesetzt – mitten im Wald. Die Grabpflege übernimmt die Natur!

Inmitten eines solchen Waldes befand ich mich nun also. Und wie es das Schicksal so will, verschwand just in die- sem Augenblick die Sonne hinter den Wolken. Es wurde dunkel und der Wald wirkte geradezu mysteriös auf mich. Weit und breit war kein Mensch zu sehen oder zu hören. Dann ging mir auch noch die Story eines Ex-Kollegen durch den Kopf. Ein Mann der Taten, der auch im Pri- vatleben nichts dem Zufall überließ. Er plante alle Din- ge perfekt – auch die über das irdische Leben hinaus. So hatte er mir schon vor Jahren erzählt, dass er genau auf diesem Friedwald seinen Baum bereits gekauft und reser- viert hätte. Das war nun doch etwas zu viel für mich. Ich legte einen Zahn zu und versuchte so schnell wie möglich diesen Waldabschnitt zu passieren.

Kaum waren diese Eindrücke verdaut, stellte mich jedoch der Wald vor eine neue Herausforderung. Auf meiner Karte war ein einziger Wanderweg geradewegs durch das Waldgebiet eingezeichnet. Nun gelangte ich immer wieder an Stellen, wo sich mehrere Wege mit unwesentlichen Richtungsunterschieden kreuzten. Auch waren die Wege nahezu identisch beschaffen. Irgendwann verließ ich mich nicht mehr auf mein Gefühl und zog meine Geheimwaffe, das GPS-Gerät. Als Zielort wählte ich Buttenhausen, das Ende des „großen Waldabschnittes" und der Einstieg in die eindeutige Wegführung durch das Große Lautertal. Die nun folgenden Wegegabelungen bereiteten mir keinerlei Kopfzerrbrechen. Das Navigationsgerät zeigte mir ja eindeutig den nächsten Weg an. So ging ich völlig entspannt und genoss die Landschaft. Am Waldesrand tauchten immer wieder wunderschöne, goldgelb glänzende Getreidefeldern auf: Weizen, Gerste und Hafer in voller Pracht und fühlbarer Reife zur baldigen Ernte.

Je näher ich an das Zwischenziel Buttenhausen kam, desto schmäler wurde der Wanderweg. Schließlich sah ich überhaupt keinen Weg mehr, sondern nur noch Traktorspuren in der Wiese. Das GPS-Gerät zeigte derweilen noch 350 Meter bis Buttenhausen an. Also ging ich weiter und stand schließlich auf dem über 700 Meter hohen Galgenberg – direkt oberhalb von Buttenhausen. Nicht einmal die Spur eines Weges zeigte nach unten. Im Gegenteil: Das heideartige, steil abfallende Gelände war teilweise auch noch eingezäunt. Natur pur mit Weide, Heide, Blumen, Abgeschiedenheit und Panoramablick bot da kaum Trost.

Auch den strahlenden Sonnenschein konnte ich nicht wirklich genießen, denn schließlich wollte ich ja ohne große Umwege nach Buttenhausen runter kommen. Ich trotzte dem Galgenberg mit Galgenhumor und rutschte auf allen vieren samt schwerem Gepäck vorsichtig und zentimeterweise den Berg hinunter. Es ging durch wilde, unberührte Vegetation; phasenweise musste ich über Zäune steigen. Natürlich war es landschaftlich geschütztes Gebiet, deshalb plagte mich neben dem körperlichen Stress auch noch mein Gewissen. Schließlich gelang ich im letzten Abschnitt durch das Grundstück eines Bauernhauses nach Buttenhausen. Dort stand auf einem öffentlichen Platz ein Bänkchen, das ich nun dringend gebrauchen konnte. Während ich mich stärkte, studierte ich die Karte und musste feststellen, dass ich noch nicht mal ein Drittel meines Tagespensums geschafft hatte.

Gott sei Dank ging es nun in der Ebene des Großen Lautertals weiter. Ich motivierte mich selbst: Jetzt lässt sich wieder Boden, beziehungsweise Zeit gut machen! Zudem ist es das Tal des angeblich schönsten Nebenflusses der Donau. Die „Große Lauter" entspringt in Offenhausen, im Quelltopf einer ehemaligen Klosteranlage. Sie windet sich in ihrem natürlichen Flussbett auf über 40 Kilometer Länge und mündet schließlich zwischen Ober- und Untermarchtal in die Donau.

Idyllisches Großes Lautertal

Der von mir zu durchwandernde Abschnitt betrug etwas über zehn Kilometer. Auf dieser Strecke sah ich das typische Landschaftsbild des Tales: Wacholderheiden, Wälder, Felsen, Burgruinen und charmante Dörfer. Das Gebiet ist auch zum Fahrradfahren sehr beliebt. Dementsprechend war der Weg ausgebaut, teilweise auch asphaltiert. Für die Fortbewegung auf Schusters Rappen ist dies allerdings nicht so vorteilhaft. Meine Füße jedenfalls schmerzten. Dafür bot mir die sanft fließende Lauter mit den sich darin spiegelnden Bäumen und Sträuchern einen phantastischen Anblick.

Nach Buttenhausen folgten die Gemeinden Hundersingen, Bichishausen, Gundelfingen und schließlich Indelhausen. Es war ein traumhaft schöner und dabei noch weitgehend sonnengeschützter Wanderabschnitt. Das sollte sich fortan ändern. Zunächst jedoch genoss ich in einer Gartenwirtschaft in Indelhausen ein erfrischendes Getränk. Dabei öffnete ich meine Schuhe und legte die Beine hoch. Das tat mir richtig gut und störte in dem rustikalen Ambiente der Gartenwirtschaft wohl niemanden. In dieser entspannten Haltung entdeckte ich dann ein jüngeres Pärchen. Allem Anschein nach waren es Gleichgesinnte. An der Größe des Rucksackes war allerdings abzulesen, dass es keine Tourenwanderer waren. Sie hatten leichte, sommerliche Kleidung an und was mich am meisten erstaunte: Sie waren barfuß. Zunächst dachte ich noch, dass sie die Schuhe vielleicht in den Rucksack gepackt hatten. Als die beiden jedoch nach ihrer Pause den Marsch fortsetzten, war es eindeutig, dass sie ohne Schuhe unterwegs waren. Hut ab, das hätte ich mir, auch mit leichterem Gepäck, beim besten Willen nicht vorstellen können.

Ich schnürte dankbar meine Joggingschuhe, verließ das Große Lautertal und nahm den letzten Abschnitt nach Hayingen in Angriff. Hayingen ist ein beliebter Ferien- und Ausflugsort, auch bekannt durch sein Naturtheater, das sich inmitten des Waldes befindet. Von einer früheren Fahrt mit dem Auto wusste ich: Das kann nun nicht mehr allzu weit sein. Nur bergauf geht es halt – egal ob Straße oder Fußweg. Doch der betonierte Fußweg überraschte mich gleich am Anfang mit einer extrem starken Steigung. Ich musste richtig kämpfen. Hinzu kam, dass ich auf der freien Fläche kaum Schutz vor der Sonne fand. Und der Weg wollte und wollte nicht enden. Nun schaute ich mir auch die Karte etwas genauer an und musste feststellen, dass der Wanderweg nach Hayingen deutlich länger war, als entlang der Straße. Wie dem auch sei, das Landschaftsbild begeisterte mich. Und Hayingen selbst, als ausgewiesener Luftkurort, liegt wunderschön auf der Alboberfläche. Nicht umsonst wurde hier schon vor vielen Jahren ein Feriendorf mit zahlreichen Blockhäusern erbaut. Auch dieses passierte ich und stellte zu meiner Überraschung fest, dass auf dem Parkplatz sehr viele Fahrzeuge mit ausländischen Kennzeichen standen. Die ruhige, schöne Höhenlage hatte wohl auch Familien aus Holland und Frankreich angelockt.

Vom Feriendorf war es nur noch ein kurzer Weg bis zur Gemeinde Hayingen. Mir fiel er allerdings ziemlich schwer. War ich doch an diesem Tag deutlich über 20 Kilometer marschiert mit teilweise strapaziösen Abschnitten. Der Gasthof, indem ich das Zimmer reserviert hatte, lag mitten im Dorf. Obwohl er Ruhetag hatte, klappte die Schlüsselübergabe problemlos. Ich bezog ein schönes Zimmer und genoss den faszinierenden Ausblick auf Dorfbrunnen und -platz.

Dorfplatz mit Brunnen von Hayingen

Auf der Suche nach einer warmen Mahlzeit wurde ich in einem nur wenige Meter entferntem Café fündig. Es wirkte ein wenig antiquiert und ich war zunächst der einzige Gast. Dann kam jedoch ein freundlicher, älterer Herr. Er bediente mich sehr zuvorkommend. Nach dem Motto „hier kocht der Chef selbst" zauberte er mir einen vorzüglich schmeckenden Sauerbraten samt Beilagen. Später kamen weitere Gäste, die erstaunlicher Weise Englisch miteinander sprachen. So viel Internationalität hätte ich auf der Schwäbischen Alb nun wirklich nicht erwartet. Wie bereits bei meinem ersten Quartier, war auch der Gasthof in Hayingen im Besitz eines älteren Ehepaares. Am anderen Morgen beim Frühstück erzählte mir die Chefin über die Nachfolgeprobleme in der Gastronomie. Ein Tatbestand, der mir auf meiner weitern Tour noch mehrfach begegnen sollte.

Resümee und Highlights des dritten Wandertages:

Ich sah eine wunderschöne und vielfältige Landschaft. Herausragend: das Große Lautertal und mein Quartier im Zentrum des reizenden Dorfes Hayingen. Zum Wetter hatte ich in meinem Wanderbuch notiert: leicht windig, trocken, teilweise wolkig, viel Sonne und dennoch nicht zu warm.

Generationsfragen

Es mag unterschiedliche Gründe geben, warum sich Gast-wirtschaften – oft mit langer Tradition – gerade auch im ländlichen Bereich mit der Nachfolge so schwer tun. Natürlich sind es nicht nur die Gastwirtschaften, die mit diesem Problem konfrontiert werden. Betroffen sind auch zahlreiche weitere Wirtschaftszweige – von kleineren Handwerksbetrieben bis hin zu großen mittelständischen Unternehmen. Die Kinder haben andere Neigungen und Interessen bezüglich Ausbildung und Beruf. Es zieht sie weg vom Land in Städte und Großstädte, innerhalb des Bundesgebietes und auch ins Ausland. Tatsache ist aber auch, dass die aus dem Berufsleben ausscheidenden Gene-rationen durchschnittlich weniger Kinder haben, als noch ihre Eltern. So gestaltet sich die Suche nach geeigneten Nachfolgern auch unter diesem Aspekt noch schwieriger.

Womit ich zum übergeordneten Thema „Generationsfra-gen" komme. Während meiner zweiwöchigen Wander-schaft durch Dörfer und Städte wurde mir die Überal-terung unserer Gesellschaft besonders deutlich. Ich habe dies nicht nur tagsüber beobachtet, als die berufstätigen Menschen ihrer Arbeit nachgekommen sind. Nein, auch abends und an den Wochenenden domminierten ältere Menschen in der Öffentlichkeit. Im krassen Gegensatz dazu nahm ich nur wenige Monate später das Geschehen in Südostasien wahr. Bei meiner Reise durch Vietnam wu-selte es nur so von jungen Menschen. Natürlich vor einem ganz anderen geschichtlichen Hintergrund. Wie wirkt sich jedoch die Überalterung in Deutschland aus? Auch wenn „der demografische Wandel" in aller Munde ist, habe ich versucht, ein paar Fakten im Umfeld von Familie und Wirtschaft zusammenzufassen.

Familie: Wer sorgt eigentlich zukünftig für wen? +++ Wenn Kinder da sind: „Ich gebe dir, damit du mir später auch gibst" scheitert oft an deren Willen oder Möglichkeiten +++ Und die andere Seite: Alte Menschen sind unflexibel und halten an Gewohntem fest +++ Sie sehen nicht das Umfeld der Angehörigen und verlangen große Opfer von ihnen ab.

Wirtschaft: Der Wohlstand unseres Landes beruht auf seiner hohen Innovationskraft und weltweitem Export +++ Der technische Fortschritt entwickelt sich jedoch permanent weiter +++ Wie groß ist die Fähigkeit von Menschen mit über sechzig Jahren sich kontinuierlich neues Wissen anzueignen? +++ Droht uns eine strukturelle Altersrezession? +++ Wann können wir in Rente und wer bezahlt sie?

Bevor ich nach Antworten auf diese schwierigen Fragen suche, möchte ich jedoch die Menschen zu Wort kommen lassen. Was ist ihnen im Leben eigentlich wichtig? Das Meinungsforschungsinstitut Allensbach hat hierzu 2013 die „Generation Mitte" (30 bis 59jährige) befragt und kommt zu folgendem Ergebnis: Nichts steht den Menschen näher, als erstens die eigene Gesundheit, zweitens eine glückliche, stabile Partnerschaft und drittens gute Freunde. Das ist nur allzu verständlich. Etwas überraschender waren die weiteren Ergebnisse (auszugsweise dargestellt): Die Befragten fürchten sich vor Veränderungen und sind ziemlich konservativ; sie haben ein ausgeprägtes Bedürfnis nach Stabilität. Wohl auch nach finanzieller Sicherheit, denn in der weiteren Rangfolge der Antworten folgen nach den guten Freunden die finanzielle Unabhängigkeit und die finanzielle Absicherung. Dazwischen rangiert noch die Familie, in der sich alle aufeinander verlassen können. Es folgen: sicherer Arbeitsplatz, gute finanzielle Lage, erfüllender Beruf und erst an zehnter Stelle „Kinder haben".

Diese Ergebnisse sind nicht gerade das Signal für eine „Aufbruchsstimmung", weder für Beruf und Ökonomie noch für unser Familienleben. Das, was uns neben der eigenen Gesundheit am wichtigsten erscheint, nämlich eine glückliche, stabile Partnerschaft, wird nur von zirka 60 Prozent der geschlossenen Ehen erfolgreich praktiziert. Der Rest der Ehen geht in die Binsen. Und dann noch das Ergebnis mit dem „Kinder kriegen". Renate Köcher, die Chefin des Meinungsforschungsinstituts Allensbach, wird dazu wie folgt zitiert: „Kinder seien für die „Generation Mitte" keine Garantie mehr für ein glückliches Leben. Sie werden als Option gesehen, aber nicht als etwas, das man haben muss. Das gebe zu denken, weil Kinderkriegen auch bei den Jüngeren nicht gerade hoch im Kurs steht."

Ein paar Anmerkungen dazu von mir: Wie zukunftsfähig sind wir bei solchen Entwicklungen eigentlich noch? Kinder liegen in der Priorität weit hinten, Partnerschaften und Ehen aus denen sie dennoch hervorgehen, werden wiederum zu einem höheren Prozentsatz getrennt. Übrig bleiben häufig frustrierte Kinder und enttäuschte Erwachsene. Und auch die doch so sehr gewünschte finanzielle Sicherheit gerät dabei ins Wanken. Wie passt das alles noch zusammen? Ist die Schieflage instabiler Familienverhältnisse im Kontext mit unserer stets älter werdenden Gesellschaft überhaupt noch auszugleichen? Es fällt mir schwer, hier

Empfehlungen auszusprechen.

Generationsfragen – meine persönlichen Gedanken und Anstöße für Veränderungen:

Lassen Sie mich mit der Wirtschaft und Volkswirtschaft beginnen: Das für die Mehrheit der Menschen geltende Modell „Rente mit 67" stelle ich in Frage. Die Natur lässt sich nicht überlisten. Es ist eine Tatsache, dass die Fähigkeit des Menschen sich Neues anzueignen mit zunehmendem Alter abnimmt. In vielen Jobs ist dies jedoch zwingend erforderlich. Hinzu kommen in einigen Berufen die körperlichen Verschleißerscheinungen mit zunehmendem Alter. Stellen die Altersklassen über 50 und über 60 zusammen in einem Unternehmen gar die Mehrheit der gesamten Belegschaft dar, steht dessen Existenz auf dem Spiel. Natürlich muss innerhalb Branchen und Berufsgruppen, in spezifischen Aufgaben und in der persönlichen Verfassung von Menschen unterschieden werden. Ein Aufsichtsrat hat nun mal die besseren Karten länger im Berufsleben zu stehen als ein Softwareingenieur oder Handwerker am Bau.

Neue Modelle sollten entwickelt werden, die einen fließenden Ausstieg aus dem Berufsleben ermöglichen. Zum Beispiel in der stufenweisen Reduzierung von Wochenarbeitszeiten ab Ende fünfzig. Modelle, an denen sich die Arbeitgeber und Gewerkschaften, die Bundesagentur für Arbeit, die Rentenversicherung, aber auch die Arbeitnehmer beteiligen könnten. Je früher und komfortabler der berufliche Ausstieg für den Arbeitnehmer wäre, desto höher wäre seine „Selbstbeteiligung". Bei langfristigem Planungshorizont und entsprechenden Sicherheiten wäre dies für viele Menschen sicherlich eine Option.

In dem sensiblen Thema „Rente" kommt man neben dem Alter um die Diskussion über Beiträge und Zahlungen nicht herum. Solidarität ist gefragt! Passt da die Beamtenberentung noch in unsere Zeit? Beamte sollten gemäß ihrer Ausbildung und vor allem erbrachter Leistungen honoriert werden, orientiert an den Werten der freien Wirtschaft. Die Beitragsfreiheit für die Rentenkasse und die dafür bis zu dreimal höhere Rentenzahlung, im Vergleich zu den in der freien Wirtschaft tätigen Menschen, muss allerdings abgeschafft werden. Die zunehmende Altersarmut, verursacht durch dürftige Renten, ist geradezu beängstigend. Leider sind auch Langzeit-Beitragszahler davon betroffen.

Zurück zu den Generationsfragen in unserem Familienleben. Wir sollten uns auf moralische Werte besinnen und nach unseren Eltern schauen; diese gerade im Alter so gut wie möglich betreuen. Vom Kontakt, also der telefonischen oder persönlichen Ansprache, bis hin zu konkreten Hilfestellungen im Alltag. Wir sollten aber auch unterscheiden zwischen aus Liebe und Zuneigung gern gemachten, notwendigen und machbaren Aufgaben und den nicht erfüllbaren, vielleicht sogar rücksichtslosen Wünschen der Eltern. Die eigene Gesundheit darf unter solchen Begierden nicht leiden.

Und dennoch ist der Zusammenhalt in der Familie, als kleinste ökonomische Einheit, von elementarer Bedeutung. Auch vor dem Hintergrund der sinkenden Zahl unserer Nachkommen. Mehr Stabilität im Familienleben täte gut; im Sinne von: sich tolerieren, zusammenhalten und auch zusammenbleiben. Auf der Basis dieser Geborgenheit reift vielleicht auch der Mut für mehr Kinder, die wir so dringend brauchen. Nicht nur um dem demografischen Wandel zu begegnen und unsere Renten abzusichern, sondern um daraus ureigene Kraft und das Wohlbefinden für unser Leben zu gewinnen. Von Adolf Kolping habe ich dazu folgendes Zitat gefunden:

„Das erste, das der Mensch im Leben vorfindet, das letzte, wonach er die Hand ausstreckt, das kostbarste, was er im Leben besitzt, ist die Familie."

Vierter Wandertag –
von einem Fluss zum andern

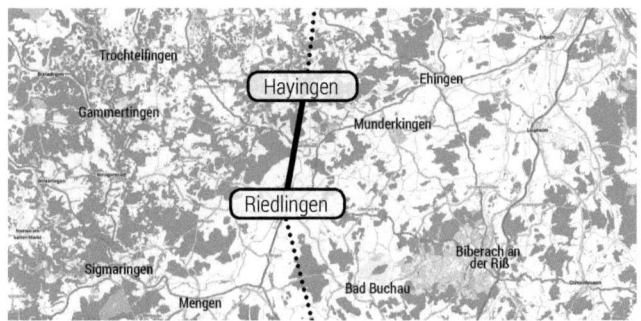

Ich wachte auf und schaute aus dem Fenster. Der bei meiner Ankunft noch leere Dorfplatz von Hayingen war mittlerweile voll mit kleinen Ständen und urigen Lauben bestückt. Fleißige Heinzelmännchen hatten über Nacht ganze Arbeit geleistet und ein Fest rund um den Dorfbrunnen vorbereitet. Gerne wäre ich am Abend mit dabei gewesen, zumal sich ein wunderschöner Sommertag abzeichnete. Aber ich musste ja weiter. Die vorreservierten Quartiere erwiesen sich in diesem Fall als Nachteil.

Es war schon zur morgendlichen Stunde angenehm warm. In einem kleinen Lebensmittelladen versorgte ich mich mit dem Nötigsten und marschierte danach in Richtung Ortsausgang. Schon bald erreichte ich einen idyllisch verlaufenden Fahrrad- und Wanderweg. Am Rande des Weges wechselten sich weitläufige Wiesen und Kornfelder ab. Ich genoss das schöne Licht und die klare Luft des Morgens.

Gerstenfeld zwischen Hayingen und Sonderbuch

Der kleine Ort Sonderbuch war mein erstes Etappenziel.
Danach wollte ich weiter nach Zwiefalten, ein vertrautes
Ausflugsziel, das ich schon als Kind mit meinen Eltern besucht hatte. Kurz vor Sonderbuch raschelte es aus einem
der Kornfelder. Abrupt wurde ich in meinem entspannten
„Morgenspaziergang" aufgeschreckt. Ein ausgewachse-
ner Fuchs trippelte auf den Weg. Er war nur noch vier bis
fünf Meter von mir entfernt. Natürlich wusste ich, dass
ein Fuchs nur im Falle von Tollwut für Menschen gefährlich werden kann. Trotzdem zuckte ich vorsichtshalber
mein eigens für solche „Gefahrenfälle" vorgesehenes Pfefferspray. Es war in der rechten, äußeren Tasche meiner
Wanderhose platziert. So hatte ich einen schnellen Zugriff.
Noch schneller hatte allerdings der Fuchs reagiert, denn er
war blitzartig wieder im Kornfeld verschwunden. Für den
„Probealarm" war ich dennoch dankbar. Schließlich hatten mich Freunde ein Stück weit gewarnt und empfohlen

ein Pfefferspray mitzunehmen.

Nun wanderte ich durch den kleinen Ort Sonderbuch und bewunderte dabei ein wunderschönes Fachwerkhaus. Das muss mich schon sehr beeindruckt haben. Jedenfalls betrachtete ich es so intensiv, dass ich im Ort die Abzweigung zum Wanderweg durch das romantische Rental (so wurde mir später vorgeschwärmt) verpasste. So marschierte ich etwas oberhalb auf einem Fahrradweg, der im letzten Abschnitt vor Zwiefalten in eine Landstraße mündete. Schließlich stand ich vor dem Ortseingangsschild von Zwiefalten. Ein beliebtes Ausflugsziel im Schwäbischen mit einigen Sehenswürdigkeiten.

Ortseingang von Zwiefalten

Nicht ohne Grund hatten wohl die Mönche ihr Kloster in Zwiefalten erbaut. Es steht im Umfeld von fruchtbaren Feldern und ausgedehnten Wäldern. Frisches Quellwasser entnahmen sie aus der Aach und auch die Nähe zur

Donau durfte ein Argument gewesen sein. Die Mönche sind längst verschwunden, die historischen Bauwerke sind jedoch geblieben. So beispielsweise das wunderschöne Münster, ein bedeutendes Bauwerk des Spätbarocks.

In dem Anwesen des ehemaligen Klosters befindet sich heute ein Zentrum für Psychiatrie. Auch damit sollte ich noch Bekanntschaft machen. Natürlich besuchte ich den stimmungsvollen Klosterpark. Am Vormittag dieses warmen Sommertages genoss ich es geradezu, direkt am Wasser des durch den Park fließenden Baches die erste Pause einzulegen. Ein weißer Schwan und ein Entenpärchen paddelten direkt vor mir. Es war ein beglückender Anblick.

Die zahlreich im Park befindlichen Bänkchen wurden auch von den Patienten der Psychiatrie genutzt. Das war unschwer zu erkennen. Bei einem der „Bankbesucher", der sich direkt neben die meinige hingesetzt hatte, war ich mir allerdings nicht ganz sicher, ob Patient oder Erholungssuchender. Mein GPS-Gerät klärte den Fall. Damit hatte ich mich nämlich zu diesem Zeitpunkt beschäftigt, um den weiteren Verlauf meiner Wanderung zu navigieren. Dies wiederum faszinierte den Mann auf der Nebenbank und schon nach kurzer Zeit sprach er mich an: Geradezu leidenschaftlich interessierte er sich für die Funktionen des Gerätes und testete es schließlich selbst. Auf der anderen Seite brachte er zum Ausdruck, dass er so etwas eigentlich gar nicht brauchen würde, da er ein exzellenter Kartenleser wäre. Dieses Know-how hätte er sich insbesondere als Co-Pilot bei Autorennen angeeignet. Er erzählte weiter aus seinem Leben; auch dass er häufig den Wohnort gewechselt hätte. Alles beschrieb er mir in sehr unterhaltsamer Form. Ich schlussfolgerte aus seinen Ausführungen, dass er eigentlich ganz gut in die Schublade eines „Lebenskünstlers" passt, und dennoch auch ernsthaftem Business nachging. Denn abschließend berichtete er mir noch über seinen kleinen, aber gut gehenden Fahrradladen. Ein vorübergehender Kunde, der ihn freundlich begrüßte, bestätigte dessen Existenz. Bei all den Erzählungen ließ er jedoch nie ganz von meinem Navigationsgerät ab. Er hatte permanent neue Fragen an mich, die ich mangels Erfahrungen gar nicht alle beantworten konnte. Schließlich musste ich mich aus der Befragung regelrecht loseisen, um die Pause nicht zu sehr auszudehnen. Der größere Teil der Tageswanderung stand mir schließlich noch bevor. Also verabschiedete ich mich und suchte nun den Einstieg in einen größeren, geschlossenen Abschnitt durch Wald.

Zunächst ging der Weg steil bergaufwärts. Mein GPS-Gerät war für das Zwischenziel des Ortes Daugendorf eingestellt. Zum zweiten Mal sollte es mir sehr hilfreich sein. Auch dieses Waldgebiet war schier endlos, verlassen und die Wegführung nicht immer eindeutig. Der Aufstieg auf den ausgewiesenen Schanzberg war anstrengend, dennoch fühlte ich mich im Vergleich zu den ersten Wandertagen fitter. Zudem war es an diesem zwischenzeitlich heißen Sommertag sehr angenehm durch die schattenspendenden Wälder zu marschieren. Langsam erreichte ich auch den mit über 700 Meter höchst gelegenen Abschnitt des Waldweges. Der richtige Zeitpunkt für eine Verschnaufpause. Die am Wegesrand liegenden gesägten und gestapelten Baumstämme boten sich zum darauf Verweilen an. Ich genoss die stimmungsvolle Atmosphäre: leichter Wind, der die Baumwipfel bewegte und dadurch für abwechselnde Lichteinspielungen sorgte; absolute Ruhe in totaler Einsamkeit, wenn man von den Vögeln und deren wunderschönem Zwitschern absah. Ich kam zu der Erkenntnis: Es gibt nichts Schöneres als sich an heißen Sommertagen in Wäldern aufzuhalten. Also ging ich hoch motiviert weiter. Der Weg ging nun leicht abwärts. Dadurch fand ich noch besser in ein rhythmisches, geradezu wohltuendes Gehen. Ein erster Gedanke in die berufliche und private Vergangenheit kam mir in den Kopf: „Ich glaube langsam, wir sitzen viel mehr herum, als uns guttut. Wozu sonst haben wir Beine."

Nach gut fünf Kilometern durch den Wald gelang ich auf freie Flure. Weizen-, Gersten- und Maisfelder wechselten sich ab. Die Nähe zur Donau und das mildere Klima waren deutlich zu spüren und auch zu sehen. Während auf der Schwäbischen Alb alle Kornfelder noch standen, wurde hier bereits gedroschen. Ich konnte es live miterleben: die Gerüche des frisch gedroschenen Kornes einatmen und die goldgelben Stoppelfelder genießen. So außerhalb des Waldes bekam ich nun allerdings auch zu spüren, wie heiß es an diesem schönen Sommertag tatsächlich war. Die Sonne brannte ohne gebäumten Schutz direkt auf mich nieder. Ich erreichte die kleine Gemeinde Daugendorf und entdeckte dort zunächst ein sehr auffälliges Gebäude. Ein orange-rot angestrichenes Gasthaus, das an seiner Frontseite mit einer überdimensional großen Gitarre dekoriert war. Also wohl die Idee mit einem gemischten Angebot aus Musik und Mangiare (Essen). Das genaue Konzept hätte mich schon interessiert, aber ich musste weiter.

Eigentlich hatte ich nun einen kleinen Umweg geplant, um bereits an diesem Tag an der Donau entlang zu wandern. Ich entschied mich jedoch wegen der „großen Hitze" um und schlug den nächsten Weg nach Riedlingen ein. Es war ein Fahrradweg, direkt entlang der Landstraße. Eben, geradeaus und etwas eintönig. Aber halt der nächste Weg. Ich erreichte den Stadteingang von Riedlingen und marschierte in Richtung Zentrum. Nun war es mit der Monotonie schlagartig vorbei. Ich wurde mit Feuerwehrsirenen begrüßt. Bald sah ich auch, dass es kein Probealarm war, sondern etliche Feuerwehrleute per Laufschritt geradewegs zum Feuerwehrhaus unterwegs waren. Ich ging weiter und hörte nur kurze Zeit später die ausfahrenden Fahrzeuge. Danach passierte ich die Stadtmauer. Im Zentrum selbst war von einem Brand nichts zu sehen.

Dafür sah ich herrliche Fachwerkhäuser. Die mittelalterliche Stadt hat hier einiges zu bieten. Als ich die einzelnen Häuser etwas näher unter die Lupe nahm und nach der Herkunft fragte, tauchte immer wieder der Begriff Kloster auf. Neben dem einstigen Nonnenkloster zum Heiligen Kreuz, sind es jedoch vor allem ehemalige Stadthäuser verschiedener Orden: Kloster Obermachtal, Benediktinerkloster, Zisterzienserkloster. Eines habe ich mir gleich von außen etwas näher betrachtet, da es direkt auf dem Marktplatz stand: das ehemalige Stadthaus des Klosters Obermachtal. Der Giebel des Hauses präsentiert sich mit schönen Elementen des Zierfachwerks und stammt angeblich aus der Zeit um 1680. Wesentlich älter ist die Hausanlage insgesamt, sie geht auf das 14. Jahrhundert zurück. Angetan von diesem prächtigen Stadtbild verweilte ich etwas länger auf dem Marktplatz. Ich setzte mich auf die

Steine des St.-Georgsbrunnens. Die Innenstadt hat wohl vier weitere Brunnen.

Angesichts des schönen Wetters herrschte reichlich Betrieb. Die Gartenwirtschaften waren gut besucht, die Menschen in bester Laune. In meiner Wanderkluft fiel ich allerdings ein wenig auf und fühlte mich deshalb nicht so ganz wohl in meiner Haut. Durch den Donaufahrradweg sind in Riedlingen vor allem Fahrradfahrer unterwegs. Jedenfalls begegneten mir in der Innenstadt und später auch in meinem Quartier zahlreiche Radler. Stichwort Quartier: Es handelte sich um einen charmanten Traditionsgasthof in der Fußgängerzone des Stadtzentrums. Die Besitzer, wiederum ein älteres Ehepaar, boten eine gut bürgerliche, schwäbische Küche. Es schmeckte mir ausgezeichnet. Nur das von mir bereits zuvor bezogene Zimmer war etwas spartanisch. Aber dies wusste ich ja bereits im Vorfeld. Zudem war es sehr preisgünstig. Ich war jedenfalls nicht nur über die Auswahl meiner Unterkunft, sondern über den Verlauf meines zurückgelegten Wandertages glücklich und zufrieden. Über die Landkreise Esslingen und Reutlingen hatte ich nun bereits den dritten Landkreis, nämlich den Kreis Biberach erreicht.

Resümee und Highlights des vierten Wandertages:

Der Landstrich zwischen Hayingen und Zwiefalten ist ein besonders schöner. Die frisch gedroschenen Kornfelder im Donautal und die historische Altstadt von Riedlingen rundeten den wunderschönen Wandertag ab. Das Wetter war heiß; nur im T-Shirt zu wandern, war allerdings ein Fehler; der Rucksackgurt rieb sich auf meiner Haut und hinterließ seine Spuren.

Stresswelten

Ich hatte es beschrieben: das wohltuende Bewegen in der Natur im Vergleich zu dem ungesunden Dauersitzen im beruflichen und privaten Alltag. Die diesem Umstand zugeschriebenen Rückenprobleme der Menschen scheinen jedoch nur teilweise zu stimmen. Vielmehr sind es zunehmend psychische und stressbedingte Faktoren, die sich auch in Form von Rückenschmerzen äußern. Um eine Tatsache kommen wir dabei nicht herum: In den vergangenen Jahren ist die Zahl der offiziell ausgewiesenen psychischen Krankheiten permanent gestiegen. Natürlich werden die betroffenen Menschen nicht gleich in ein „Zentrum für Psychiatrie" gesteckt. Ein solches hatte ich ja an meinem vierten Wandertag passiert. Psychologische Betreuung ist jedoch allemal gefragt. Psychologen wiederum sind derart überlastet, dass es zu unakzeptablen Wartezeiten kommt. In den Psychosomatischen Kliniken herrscht gar Ausnahmezustand, teilweise verbunden mit Aufnahmestopps.

Seit 1998 führt die Bundesanstalt für Arbeitsschutz und -Medizin regelmäßig eine Studie durch. Daraus entsteht der sogenannte „Stressreport Deutschland". Die damalige Bundesministerin für Arbeit und Soziales, Dr. Ursula von der Leyen, wertete den Bericht von 2012 so: „Stress und Burnout sind kein Randthema: 53 Millionen Krankheitstage im Jahr 2012 sind auf psychische Störungen zurückzuführen." Das bedeutet, aus Stress entsteht auch hoher wirtschaftlicher Schaden.

Doch woher rührt dieser Stress? Ist er allein auf unser berufliches Umfeld zurückzuführen? Ich meine nein. Das be-

rufliche und private Leben ist eng miteinander verquickt. Nicht selten eskaliert es zu „negativem Stress", indem Menschen in beiden Welten exzessiv gefordert sind. Dabei möchte ich den zunehmenden Stress in der Arbeitswelt in keiner Weise verharmlosen. Die permanente Überforderung von Menschen hat ein beängstigendes Ausmaß angenommen. Dennoch möchte ich zunächst einmal einige Stressfaktoren im beruflichen und privaten Umfeld separat betrachten:

Stressfaktoren im privaten Umfeld: +++ Angebotsflut im Konsum-, Medien- und Unterhaltungsbereich +++ Eindrücke können nur noch konfettiartig wahrgenommen werden +++ Nerviges Preis-/Leistungsvergleichen +++ Wir wissen nicht mehr, was wir besitzen – beschaffen doppelt und dreifach +++ Wir kommunizieren permanent und oberflächlich miteinander +++ Wir scheitern in unseren Beziehungen und streiten um Fragen des Sorgerechts für unsere Kinder +++ Der Leistungsdruck von Kindern in der Schule artet bis zum gegenseitigen Mobbing aus +++ Wir strapazieren uns bei der Jagd nach Erholung.

Stressfaktoren im beruflichen Umfeld: +++ Zunehmende Komplexität in Arbeitsprozessen, Programm- und Leistungsangeboten +++ Zu viele Regeln, Vorschriften und Ziele +++ Orientierungslosigkeit – Menschen sehen vor lauter Bäumen den Wald nicht mehr +++ Arbeitszeiten nehmen ein gefährliches Ausmaß an +++ Höchstmaß an Schnelligkeit, Flexibilität, Mobilität und Wirtschaftlichkeit wird gefordert +++ Abstand gewinnen und der erholende Rückzug ins Privatleben wird immer schwieriger +++ Leistungsdruck, Existenzängste und Widerstand ge-

gen Veränderungen wachsen.

Das Resultat: Die ständige Beschleunigung im privaten und beruflichen Leben verträgt der Mensch nicht mehr, zumindest ist dies bei einem nicht zu unterschätzendem Teil unserer Gesellschaft der Fall. Die Symptome für das „neue Krankheitsbild" sind vielseitig. Die beschriebenen Rückenschmerzen gehören da noch zu der harmloseren Sorte. Häufig leiden zu allem Übel erschöpfte und ausgebrannte Menschen auch noch unter Schlafstörungen. Das Burnout-Syndrom lässt nicht lange auf sich warten.

Stresswelten – meine persönlichen Gedanken und Anstöße für Veränderungen:

Übergeordnet stellt sich natürlich die Frage: Wie kommen wir aus dem Hamsterrad heraus und entziehen uns privaten und beruflichen Stressfallen? Ich möchte im beruflichen Umfeld und bei den Möglichkeiten vonseiten der Arbeitgeber beginnen: Abbau von Komplexität und grenzenlosem Controlling; Arbeitsprozesse optimieren und auf das Wesentliche konzentrieren; weniger mit sich selbst und mehr mit den Bedürfnissen der Kunden beschäftigen; gleichmäßigere Verteilung von Arbeit und Arbeitszeiten; kein gigantisches Gewinnstreben zum Wohle der Aktionäre; Mitarbeiter weiterbilden, informieren und in den formulierten Unternehmenszielen mitnehmen; Mitarbeiter stärker am Unternehmenserfolg beteiligen; eine Kultur des gegenseitigen Vertrauens und der Wertschätzung schaffen; den Mitarbeitern soweit möglich Sicherheit im Arbeitsverhältnis vermitteln und dennoch die erforderliche Leistungsfähigkeit des Unternehmens, sowie die Leistungsorientierung der Mitarbeiter herausstellen.

Aus Sicht der Evolutionsbiologie ist der Mensch geradezu auf Anstrengung programmiert. Hingegen führt Lust ohne Anstrengung zu Langeweile und Unzufriedenheit (nach Prof. von Cube – später mehr). Leistungsorientierung und beruflicher Ehrgeiz sind Motivationsfaktoren für den Arbeitnehmer (positiver Stress) und Erfolgsgaranten für die Arbeitgeber. Das ist nicht zu verwechseln mit permanent ausgeübtem Leistungsdruck, Schüren von Ängsten und Erzeugen von Stress.

Womit ich zu meinen Vorschlägen zur Stressvermeidung im privaten Umfeld komme. Ein Bereich, wo jeder für sich selbst entscheidet und weit weniger abhängig ist. In vielen Lebenslagen bestehen Chancen etwas zu verändern. Die Zauberwörter heißen: ausgleichen, reduzieren, vermeiden. Ausgleichen: In allen Hobby- und Freizeitaktivitäten das richtige Maß zur Erholung vom beruflichen Alltag finden. Eine bewusste und ausgeglichene Ernährung stabilisiert die Gesundheit. Reduzieren: Die Medienvielfalt gezielt nutzen; anstatt in Mengen zu konsumieren auf qualitativen Konsum setzen. Weniger, jedoch dafür intensivere menschliche Kontakte zu Freunden, Bekannten und Verwandten pflegen. Dies stärkt unsere Beziehungen und unser Wohlbefinden. Auf der anderen Seite sollten kräfteraubende Konflikte in der eigenen Familie vermieden werden.

Ausgleichen, reduzieren und vermeiden hat auch etwas mit „sich selbst Maßhalten" zu tun. Hierzu fand ich das Zitat eines berühmten Philosophen:

„Eine größere Gabe als die Fähigkeit zum Maßhalten kann der Himmel keinem schenken." (Konfuzius)

Fünfter Wandertag –
reichlich am Wasser

Auch in dem sehr kleinen und engen Zimmer des Gasthofes kam ich halbwegs zurecht, um mich für den bevorstehenden Tag zu präparieren. Als ich den Frühstücksraum betrat, herrschte dort schon reger Betrieb. Vor allem die zahlreich übernachtenden Radler waren bereits hoch motiviert zu Gange. Aber sie hatten mir auf dem kleinen Buffet genügend übrig gelassen. So verließ ich gut gestärkt das alte Haus in der historischen Altstadt von Riedlingen. Die Radler standen mit ihren Drahteseln längst vor der Tür. Aus ihrem Gesichtsausdruck entnahm ich, dass sie vom Wetter ein wenig enttäuscht waren. Der herrliche Sonnenschein vom Vortag setzte sich nicht fort. Es war windig, der Himmel mehr wolkig als heiter, jedoch trocken. Zum Wandern also gar nicht so schlecht.

Ich ging durch die Altstadt bergabwärts in Richtung des Donaukanals und gelangte über eine Brücke auf die andere Seite des Flusses. Nun führte mich ein angenehm weicher Pfad, unweit des Kanals, durch die üppige Vegetation der Flusslandschaft. Der Pfad verlief linkseitig Donau aufwärts. In dem dicht bewachsenen Gelände wechselten sich Bäume, Sträucher und Schilf ab. Ich hätte mir keinen angenehmeren Weg und kein schöneres Landschaftsbild für den Start dieser Tagestour wünschen können. Leider endete dieser Abschnitt allzu früh und ich gelang auf einen ausgeschilderten Fahrradweg. Fahrradfahren ist nun mal die sportliche Domäne an der Donau. Auf freier Fläche führte dieser Weg immer geradeaus – soweit mein Auge reichte. Das schien mir doch etwas öde, deshalb entschloss ich mich den Kurs zu ändern. Diesmal nicht mit dem Effekt die Strecke abzukürzen. Das war ganz offensichtlich, denn ich nutze die nächste Brücke um wieder auf die andere Seite der Donau zu gelangen und dabei etwas abseits des kürzesten Weges zu wandern.

Brücke mit Blick Donau aufwärts

Nach dem Überqueren der Brücke bog ich links ab und stieß auf einen sehr schmalen Weg. Er hatte eher den Charakter eines Trampelpfades, für Fahrradfahrer ohnehin ungeeignet, aber auch zum Wandern nicht offiziell ausgewiesen. Dafür war er wildromantisch und führte direkt an der Donau entlang. Ich ging rechtsseitig flussaufwärts und entdeckte unberührte Natur mit einer Vielfalt an Gräsern und wild wachsenden Blumen. Ein Landschaftsbild, das mir in dieser Form nicht mehr begegnen sollte. Einziger Wehrmutstropfen war, dass schon bald auch von dem schmalen Pfad nicht mehr viel zu erkennen war und ich so auf sehr unwegsamem Gelände marschierte. Einen weiteren Umweg über Feldwege, abseits der Donau, schloss ich aus. Also ging ich auf unebenem Boden und teilweise durch hohes Gras weiter; eine gute Stunde – immer der Donau entlang. Irgendwann musste ja die nächste Ortschaft kommen. Gemäß des Studiums meiner Karte hätte es Binzwangen sein müssen. Und so war es dann auch. Unterhalb einer ehemaligen Burg sah ich den Ort in greifbarer Nähe. Auch stieß ich nun wieder auf einen ausgebauten Fußweg. Dieser war so gut beschaffen, dass eine einheimische Frau sogar ihren Kinderwagen darauf rollen und spazieren führen konnte. Wir grüßten uns höflich. Ob sie Mutter oder Großmutter des Kindes war, konnte ich bei dem kurzen Blickkontakt allerdings nicht eindeutig feststellen. Dies sollte sich jedoch nur kurze Zeit später klären.

Im Ortskern von Binzwangen, auf einer Grünfläche oberhalb der Donau, legte ich eine erste Pause ein. Genau diese Stelle passierte die Frau mit Kinderwagen nur wenige Minuten später. Sie sprach mich freundlich an und war natürlich auch etwas neugierig, was der ältere Herr mit großem Rucksack so vorhatte. Ich wiederum konnte nun eindeutig feststellen, dass sie als stolze Großmutter mit ihrer kleinen Enkeltochter glücklich und zufrieden unterwegs war. Ich habe mich für sie mitgefreut. Gefreut habe ich mich aber auch darüber, dass sie mich angesprochen und für meine Wanderschaft interessiert hatte. Es war ein herzlicher, wohltuender Gedankenaustausch.

Nun steuerte ich mein nächstes Etappenziel an. Dazu musste ich die Donau verlassen, beziehungsweise zunächst noch einmal überqueren. Über die Brücke gelang ich auf einen befestigten Fahrradweg und erreichte schon bald die Gemeinde Ertingen. Auf meiner Karte entdeckte ich drei nacheinander liegende Seen, nur unweit dieser Ortschaft. Seen prägen ja geradezu das Landschaftsbild von Oberschwaben. Deshalb wollte ich sie mir auch unbedingt anschauen und wählte den Weg direkt an deren Ufer entlang. Als ich am ersten der drei Seen ankam, war ich etwas überrascht. Ich entdeckte ein großes Schild, das mich über das tatsächliche Ausmaß dieser Seenlandschaft informierte: Es handelte sich um eine großzügig ausgebaute Freizeitanlage, die Schwarzachtalseen. In den verschiedenen Seen wurden das Baden und der Wassersport separiert. Das schön angelegte Areal bietet vielseitige Möglichkeiten am und vor allem im Wasser. Zudem machte es einen sehr kinderfreundlichen Eindruck auf mich. Zum Baden schien dieser Tag allerdings ein wenig zu frisch zu sein. Außerdem war es wochentags und in Baden-Württemberg hatten die Schulferien noch nicht begonnen. Also genoss ich auch hier, wo es eigentlich Kapazität für Hunderte von Freizeitsuchenden gibt, die Ruhe und verweilte kurz auf einer der Bänke an der Promenade. Schließlich sah ich dann doch noch drei Badegäste, die sich von dem kühlen

Wetter nicht abschrecken ließen. Sie bewegten sich zügig ins kalte Nass und man sah es ihrer Technik an, dass es leidenschaftliche Schwimmer waren.

Ich setzte meinen Marsch entlang der drei Seenabschnitte fort und wollte dieses reizvolle Gebiet eigentlich auch noch fotografieren. Meine kleine Digitalkamera meldete jedoch: Akku leer! Das ist jammerschade, dachte ich mir und im selben Augenblick fiel mehr ein, dass ich auch kein Ladegerät mit dabei hatte. Das heißt, auch keine Fotos von den noch folgenden Wandertagen? Zweidrittel derer standen ja noch aus. Ich muss dazu sagen: Eigentlich wollte ich gar keinen Fotoapparat mitnehmen. Schließlich sollte das live Erleben und ungestörte Wahrnehmen von Land und Leuten ganz im Vordergrund stehen. Ganz zu schweigen davon, dass ich neben Bildern auch noch an eine textliche Aufarbeitung der Wanderung gedacht hatte. Meine Frau hatte mich jedoch überredet und mir noch kurz vor dem Start der Wanderung eine kleine Kamera geschenkt. Dafür bin ich ihr noch heute dankbar. Das nicht mitgenommene Ladegerät war ein Fehler, den ich gleich am nächsten Tag korrigieren konnte. Beim Kauf des Gerätes hatte ich zudem ein höchst amüsantes Erlebnis, über das ich gleich noch berichten werde.

Nun schritt ich auf einem Fahrradweg weiter, der parallel zu einer Landstraße verlief. Im Nachhinein betrachtet hätte ich freilich von den Schwarzachtalseen nach Bad Saulgau einen attraktiveren Weg wählen können. Deshalb diese Empfehlung: Wandern Sie am Ende der Seen ein kurzes Stück in Richtung der Gemeinde Herbertingen und biegen Sie dann links auf den Fahrradweg nach Schwarzach ab.

Im weiteren Verlauf des Fahrradweges folgen einige Mühlen und schließlich die Stadt Bad Saulgau. An deren Rand war ich mittlerweile, wenn auch auf anderem Weg, bereits angekommen. Ich ging weiter in Richtung Innenstadt. Der Weg war länger, als ich es mir vorgestellt hatte. Aber Bad Saulgau ist ja schließlich mit knapp 12000 Einwohnern allein in der Kernstadt die größte Stadt im Landkreis Sigmaringen (der vierte Landkreis, den ich erreicht hatte). Ich bin mir nicht ganz sicher, ob ich den kürzesten Weg gewählt hatte. Aber schließlich erreichte ich doch das Zentrum und auch mein Quartier. Ein wunderschöner Gasthof im Fachwerkbau mit dem Namen „Zum Spitaltor". Also an geschichtlicher Stelle, wo früher das Stadtspital und daneben das Nordost-Stadttor von Bad Saulgau standen; sozusagen der Eingang zur historischen Altstadt von Bad Saulgau. Und hier hat die Kurstadt an der oberschwäbischen Barockstraße einiges zu bieten:

Rund um den Marktplatz stehen einige wunderschöne, jahrhundertealte Fachwerkhäuser. Eines davon hat mir ganz besonders gut gefallen: Das alemannische „Haus am Markt" aus der Zeit um 1400. Es wurde Ende der 70-Jahre restauriert, dabei konnte das Originalfachwerk zum größten Teil erhalten werden. Das rot-braune, verplattete Fachwerk im Kontrast mit dem weißen Putz ist ein Augenschmaus. Unweit davon befindet sich die Stadt-Pfarrkirche St. Johannes Baptist, eine ursprünglich romanische Kirche von 1170, die später im gotischen Stil erweitert wurde. Nur wenige Meter vom Marktplatz entfernt steht das Rathaus, das bis 1782 als Franziskanerinnenkloster gedient hatte. Gegenüber vom Rathaus ist das Sießener Haus mit den Anfängen des Klosters Sießen zu bewundern; es ist das älteste, urkundlich belegte Bürgerhaus im Saulgau aus dem 13. Jahrhundert. Zahlreiche weitere Sehenswürdigkeiten prägen das schöne Stadtbild.

Ich jedenfalls war glücklich, genau im Herzstück dieser attraktiven Stadt meine Übernachtung gebucht zu haben. Und auch der Gasthof mit seiner gutbürgerlichen, schwäbischen Küche begeisterte mich. Vor allem die gut schmeckenden Knödel sind mir in Erinnerung geblieben. All dies brachte mich in eine geradezu euphorische Stimmung und verlangte nur noch nach einem „Absacker" zum krönenden Abschluss des Tages.

Gasthof zum Spitaltor in Bad Saulgau

Nachdem der schöne Marktplatz quasi vor meiner Haustür lag, wollte ich mir genau dort noch ein Gläschen genehmigen. Die Auswahl der Gastronomie war groß. Nahezu alle Betriebe hatten ihre Tische und Stühle „im Freien" und in der reizenden Umgebung des Marktplatzes aufgestellt. Ich entschied mich für eine Bar, die trotz Kurstadt, überwiegend von jungen Menschen besucht war. Diese Bar schien gerade besonders „in" zu sein und strahlte auch auf mich ein besonderes Flair aus. Warum also nicht? Zudem hatte ich ja bisher zumeist nur mit älteren Menschen Kontakt gehabt. Die frische, fröhliche Stimmung rund um diese Location steckte mich regelrecht an. Nahezu alle Plätze waren allerdings bereits belegt. Trotzdem fand ich einen freien Tisch mit drei Stühlen. Nur kurze Zeit später setzten sich zwei junge Frauen mit dazu. Mangels Platzalternativen blieb ihnen wohl nichts anderes übrig. Es waren angehende Studentinnen, gut gelaunt und in herzerfrischendem Dialog miteinander. An mir passend erscheindender Stelle klinkte ich mich in das Gespräch ein. Schließlich war ja auch ich in guter Stimmung und zudem leicht alkoholisch aufgeputscht. Sie erzählten mir von ihren Ausbildungsplänen und über ihre Probleme in der Universitätsstadt Tübingen ein Zimmer zu bekommen. Eine Situation, die mir hinreichend bekannt war. Nur weiterhelfen konnte ich ihnen leider auch nicht.

Mittlerweile wurde im geöffneten Innenteil der Bar in lockerer Atmosphäre ein Salsa-Schnupperkurs für interessierte Tänzer angeboten. Auf eine eigene Teilnahme verzichtete ich. Weder die erforderliche Leichtfüßigkeit noch mein Alter sprachen dafür. Aber, ich hatte einen guten Einblick von außen und war deshalb begeisterter Zuschauer. Das ganze Spektakel war sehr unterhaltsam für mich. Bei so guter Stimmung sind es dann statt dem geplanten einen Glas Wein zwei Gläser geworden. Dazu kam das Bierchen vom Abendessen. Dennoch eine Menge, die mir unter normalen Umständen keine Probleme bereitet. Als ich mich jedoch gegen 22 Uhr von meinem Stuhl erhob um den kurzen Nachhauseweg in mein Quartier anzutreten, war ich etwas verblüfft. Es fiel mir nicht ganz leicht geradeaus Kurs zu halten. Auf meinem Zimmer grübelte ich darüber noch nach. Jedoch erst am nächsten Morgen – und ganz nüchtern – wurde mir klar, dass mich die ersten fünf Wandertage doch ein wenig Substanz gekostet hatten. Wahrscheinlich auch verbunden mit etwas Gewichtsverlust. Dieser wäre mir gar nicht so unangenehm gewesen. Doch mein Körper gewöhnte sich in dem nun anstehenden zweiten und dritten Drittel der Wanderung an die körperlichen „Strapazen". Er passte sich immer besser an und ich konnte die gesamte Strecke mühelos bewältigen. Und so viel schon vorweg: Am Ende der Wanderung lag mein Gewicht nur knapp unter dem bei Tourenstart.

Resümee und Highlights des fünften Wandertages:

Der mehr als einstündige Abschnitt direkt an der fließenden Donau entlang hatte mich sehr beeindruckt. Rund um die Schwarzachtalseen erlebte ich dann stehendes Gewässer auf attraktivem Freizeitgelände. Nur das Wasser von oben blieb Gott sei Dank aus, obwohl es mehrmals nach Regen aussah. Schließlich endete der vielfältige Wandertag feucht-fröhlich in der wunderschönen Altstadt von Bad Saulgau.

Berufswege

So wie beim Wandern stellt sich auch im beruflichen All-
tag hin und wieder die Frage nach dem richtigen Weg: Er
kann kurz oder lang, aufwärts oder abwärts, holprig oder
eben gehen; er kann hart oder bequem, langweilig oder
spannend, sowie richtig oder falsch sein. So hatte ich mich
beispielsweise an meinen fünften Wandertag mal für den
längeren, aber schöneren, mal für einen eher spannenden
anstatt langweiligen, einmal allerdings auch für einen fal-
schen Weg entschieden. Weitaus schwieriger sind die Ent-
scheidungen nach dem richtigen Weg in der beruflichen
Ausbildung und Praxis. Beim alleine Wandern hatte ich
auch allein zu entscheiden. Wäre ich in einer Gruppe ge-
gangen, wäre es schon viel schwieriger gewesen. Im Be-
rufsleben stehen wir in ganz anderen Abhängigkeiten und
sind deshalb nur bedingt entscheidungsfähig.

Doch der Reihe nach. Ich möchte mit der beruflichen Aus-
bildung anfangen: Was wollen, sollen wir überhaupt ler-
nen, beziehungsweise studieren? Neben den persönlichen
Fähigkeiten und Neigungen stellt sich immer auch die Fra-
ge nach den dafür vorhandenen beruflichen Perspektiven.
Bekomme ich mit der präferierten Ausbildung überhaupt
eine Arbeit und wenn ja, ernährt sie mich, anteilig oder
ganz eine Familie? Es ist ein Ideal-, aber nicht der Regel-
fall, wenn hier alles optimal zusammenpasst. Die Fakten:

Wir haben hochqualifizierte Akademiker mit geringen be-
ruflichen Perspektiven +++ Nur die Besten unter den Bes-
ten finden adäquate Arbeit +++ Hingegen gibt es einen
großen Mangel an Fachkräften für Industrie und Hand-

werk +++ *Die Berufswahl wird auch am sozialen Status festgemacht* +++ *Mitarbeiter kleinerer Unternehmen oder weniger populärer Branchen sind in Einkommen und sozialen Leistungen deutlich benachteiligt.*

Womit ich von der beruflichen Ausbildung zu der Praxis komme. Aus eigenen Erfahrungen und intensiven Gesprächen mit Freunden habe ich insbesondere in Mittelständische- und auch Großunternehmen aus Industrie und Dienstleistung etwas Einblick: Der ausgeübte Druck und die geforderte Geschwindigkeit nehmen dort zu. In einem meiner ersten Vertriebstrainings Mitte der 8oer-Jahre wurde vor dem sogenannten Hampelmann-Effekt gewarnt. Gemeint war das Verhalten zwischen einem Käufer und einem Verkäufer. Der Kunde (Käufer) bewegt sinnbildlich den Hampelmann (Verkäufer) zunächst vorsichtig und bedacht am Schnürchen. Ermutigt durch das gehorchende Verhalten des Verkäufers wird nun die „Schlagzahl" der Bewegungen durch den Kunden permanent erhöht. Das heißt, die Anforderungen steigen: schneller, besser, billiger … In dem Seminar wurde empfohlen und auch trainiert, wie dem Handeln des Kunden Einhalt geboten werden muss. Bereits in den 9oer-Jahren war das Trainierte nur noch bedingt anwendbar und mit dem Wechsel in das nächste Jahrtausend völlig verworfen. Mittlerweile erleben wir den Hampelmann-Effekt in stärkster Ausprägung: Jeder zieht bei Jedem – immer schneller und immer verrückter. Die Gründe hierfür sind vielfältig:

Märkte stagnieren, die Zahl der Anbieter im globalen Wettbewerb nimmt jedoch zu +++ *Das „Hochpreisland" Deutschland muss um das besser sein, was es teurer ist* +++

Unternehmen reagieren mit deftigen Zielvereinbarungen für ihre Mitarbeiter +++ Gewerkschaften halten mit komfortabel ausgestatteten Tarifverträgen dagegen +++ Unternehmen schließen Werksverträge ab +++ Mittelständische Betriebe tun sich schwer – der Konzentrationsprozess hält weiter an.

Etliche dieser Entwicklungen sind für unsere Berufswahl und die ausgeübte Tätigkeit nicht gerade wünschenswert. Unser Wohlbefinden leidet zwangsläufig darunter. Doch lässt sich in diesem komplizierten Geflecht überhaupt etwas verändern?

Berufswege – meine persönlichen Gedanken und Anstöße für Veränderungen:

Ich möchte zunächst nochmals auf die Berufswahl zurückkommen. Die Frage ist wirklich, ob wir nicht mehr auf die Chancen und Perspektiven in der Praxis achten müssen. Findet die Beschäftigung nachher in der freien Wirtschaft statt, müssen wir uns ohnehin an den Gesetzen der Nachfrage und des Angebotes orientieren. Dabei sollte kein Beruf von vornherein ausgeklammert oder mangels sozialem Status verworfen werden. Eine kombinierte Tätigkeit von geistig-kreativer Planung bis hin zur handwerklich-geschickten Ausführung kann sehr erfüllend sein. Zudem sind Körper und Geist gleichermaßen gefordert, was für das allgemeine Befinden nicht gerade abträglich ist. Ich möchte beileibe nicht die individuellen Begabungen, Neigungen und Ziele für die berufliche Erfüllung in Frage stellen. Selbstverständlich gehört wie so oft im Leben auch ein Stück weit Mut und Idealismus mit dazu. Und dieses Zitat gilt es allemal zu beachten: „Wer mit der Seele nicht dabei ist, hat keinen Beruf, sondern nur eine Beschäftigung." (Charles Tschopp). Allerdings muss bedacht werden, dass auch jeder Traumberuf früher oder später zur Routine wird. So müssen wir permanent an der richtigen Einstellung zu unserem Beruf arbeiten. Ich jedenfalls gehe davon aus, dass beispielsweise auch die Leidenschaft eines Facharztes für Urologie nach zehn Berufsjahren etwas nachlässt und er sich durchaus täglich neu motivieren muss.

Und schon bin ich mitten drin im zweiten Teil des Themas, also der Ausübung des erlernten Berufes und den dort vorzufindenden Rahmenbedingungen. Zugegebener Weise sind diese von uns selbst nur teilweise beeinflussbar. Was treffen wir in der Praxis an? Auf der einen Seite Arbeitsgebiete, wo Menschen zu permanenten Überstunden verdammt sind, die weder entlohnt noch einem „Gleitzeitkonto" gutgeschrieben werden. Auf der anderen Seite finden wir Branchen, wo die 35-Stunden-Woche für alle Qualifikationen und ausgeübten Tätigkeiten zur Regelausstattung gehört. Die Metallindustrie gehört mit dazu. Ich halte eine generelle Vereinbarung der wöchentlichen Arbeitszeiten für kontraproduktiv. Was für das Umfeld der Fertigung richtig ist, muss nicht unbedingt für die Verwaltung sinnvoll sein. Jedenfalls wäre es für manchen hoch qualifizierten Ingenieur hilfreicher, wenn er für seine Arbeit etwas mehr Zeit hätte. Die eingeführten Systeme für das Gutschreiben und Abgleiten von Arbeitszeiten erhöhen eher den Druck und machen weder Arbeitnehmer noch Arbeitgeber glücklich. Meine Meinung: durchaus differenzierte Arbeitszeiten, ohne diese grenzenlos nach oben zu schrauben (40 Stunden sind eine gute Marke), weniger Regelabsicherungen, dafür eine stärkere Erfolgsbeteiligung aller Mitarbeiterinnen und Mitarbeiter eines Unternehmens. Von einem guten Geschäftsjahr müssen alle profitieren! Wenn ich alle sage, dann meine ich alle, die an diesem Erfolg auch tatkräftig mitgewirkt haben. Noch gibt es, gerade in größeren Unternehmen, „windgeschützte Stellen". Im Fachjargon spricht man auch von sogenannten „Bewohnern" einer Firma. Das heißt, den weniger motivierten – warum auch immer. Ziel müsste es sein, diesen zumeist nicht ganz unerheblichen Anteil einer Belegschaft mehr in Richtung der Leistungsträger zu bringen. Das erhöht die Produktivität und stärkt die Moral und die Wettbewerbsfähigkeit eines Unternehmens.

Für den richtigen Weg in Beruf und Business gibt es kein Patentrezept. Ich kann nur appellieren, wie beim Wandern, stets für alternative Wege offen zu sein. Das abschließende Zitat sagt es noch deutlicher:

„Unbeirrt seinen Weg gehen heißt, sich fortwährend ändern." (Herbert Eisenreich)

Sechster Wandertag –
Begegnungen mit Land und Leuten

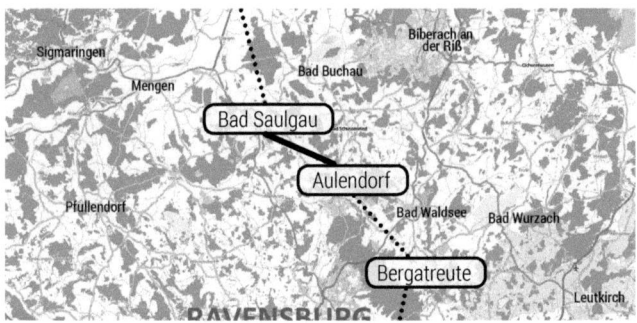

Trotz des „stimmungsvollen" Vorabends wachte ich frühzeitig und vor allem kopfschmerzfrei auf. Es war gegen
sieben Uhr als ich durch das Fenster meines Zimmers
schaute. Ich traute meinen Augen nicht: Es regnete, wenn
auch sanft und nicht den Eindruck eines Dauerregens erweckend. Aber ich hatte mir ja ohnehin vorgenommen
nach dem Frühstück zunächst nach einem Ladegerät für
meinen Fotoapparat zu schauen. Die Suche nach einem
geeigneten Geschäft gestaltete sich nicht einfach; schließlich bekam ich jedoch den entscheidenden Tipp: Es war
ein von außen völlig unscheinbar wirkender Fotoladen,
nur wenige Meter von meinem Hotel entfernt.

Ein passendes Gerät war schnell gefunden. Viel spannender waren der originell ausgestattete Laden und die
Begegnung mit dem Inhaber. Ein kleiner Mann, der vor
Lebensfreude nur so sprühte. In seinem ganzen Erscheinungsbild wirkte er alles andere als alltäglich. Und was
für ein Zufall: Er trug denselben Namen, wie die Besit-

zerin des kleinen Fotoladens in meiner Heimatstadt, wo meine Frau den Fotoapparat wenige Tage zuvor gekauft hatte. Natürlich sprach ich ihn darauf an und gab so den „Aufhänger" für einen längeren, jedoch sehr kurzweiligen Dialog. Es stellte sich heraus, dass der Mann auch schon in meiner Heimatstadt (Kirchheim/Teck) gelebt und gearbeitet hatte. Neben vielen anderen Städten in Deutschland. Er war geschäftlich viel herumgekommen. Bad Saulgau schien wohl seine letzte berufliche Station zu sein. Er war schon nahe siebzig, wie er mir erzählte. Aber ein Experte in Sachen Fotografie, der seinen bezaubernden Laden voller Begeisterung und wie man spürte auch erfolgreich führte. Bereitwillig gab er mir einige Details seines beruflichen Werdegangs preis. Als ich ihn dann noch von meiner geplanten Wanderung bis in den Bregenzerwald und das Kleinwalsertal informierte, reagierte er geradezu euphorisch. Kindheitserinnerungen wurden in ihm geweckt. Völlig verzückt erzählte er mir, dass er im Bregenzerwald Jahr für Jahr mit seiner Großfamilie den Urlaub verbracht hätte; mit seinen Eltern und fünf Geschwistern. Die Mittel wären knapp gewesen und dennoch hätten sie auf einer Selbstversorger-Hütte wunderschöne, unvergessliche Ferien verbracht.

Diese Begeisterung sprang regelrecht auf mich über. Voll motiviert verließ ich das Geschäft. Es hatte aufgehört zu regnen und die Sonne kämpfte sich mehr und mehr durch die Wolken. Nun galt es durch die Stadt auf den richtigen Pfad in Richtung Süd-Osten zu kommen. Noch innerhalb des Zentrums wurde ich gleich zweimal in oberschwäbischem Dialekt sehr freundlich angesprochen: „So, sinn mr uf am Jakobsweg?" Ich verneinte jeweils und stellte meinen tatsächlich geplanten Weg kurz vor. Dies war wiederum für einen der fragenden älteren Herren Anstoß mir über seine tollen Wandertouren – in noch jüngeren Jahren – geradezu leidenschaftlich zu berichten. Genug gequatscht – nun musste ich Land gewinnen: Ich marschierte parallel zur Bahnlinie im Vorstadtbereich zum Schädlerhof. Es ging weiter durch ein Wäldchen; dieses Mal so klein, dass ich im Zweifelsfalle auch ohne Navigationsgerät wieder herausgefunden hätte. Ich hielt Kurs auf die Gemeinde Lampertsweiler, bog jedoch schon vorher rechts in Richtung des Ortes Rieden ab. Dabei begegneten mir die für Oberschwaben so typischen kleinen Weiher mit ihrer üppigen Schilf-Vegetation.

Kleiner Weiher, typisch für Oberschwaben

Eine etwas scheue Entenfamilie hatte ich wohl gestört. Jedenfalls versteckten sich die Enten bei meiner Annäherung im schilfigen Teil des Weihers. Nur wenige Meter entfernt folgte ein wunderschöner Aussiedlerhof inmitten von bereits gedroschenen, großflächigen Getreidefeldern. Für goldgelben Glanz sorgte das in diesem Moment darauf scheinende Sonnenlicht. Ein berauschender Anblick. In dem Ort Rieden näherte ich mich nun einem kleinen Bauernhaus. Im Garten stand ein Mann, der mich wohl schon aus der Ferne beobachtet hatte und dann auch gleich wissen wollte: „Wohin des Wegs?" Das traf sich ganz gut, denn genau für diese Frage suchte ich einen Ortskundigen. Und das war er. Er gab mir nicht nur freundliche Empfehlungen für den direktesten, sondern, wie sich später herausstellte, auch landschaftlich schönsten Weg. Zunächst ging ich leicht bergauf bis vor die Gemeinde Renhardsweiler. Auf der Anhöhe folgte ein schöner Panoramaweg vorbei an kleinen Ortschaften und Gehöften. In größerer Distanz sah ich nun erstmals auch die Alpen; noch weit weg und dennoch faszinierend. Ganz nah hingegen erlebte ich Oberschwaben, mit all seinen Reizen: eine weitläufige, sanft hügelige Landschaft. Wälder, Wiesen, Korn- und Maisfelder wechselten sich ab. In diesem Gebiet entdeckte ich sowohl schmucke kleine, als auch stattlich große Bauernhöfe. Sie lagen zumeist etwas außerhalb der Ortschaften, inmitten ihrer bäuerlichen Ertragsflächen.

Frisch gedroschen - goldgelber Glanz

Mir begegneten Getreidefelder und -Silos, Rinderhaltung und dazugehörige Ausrüstungen für die Milchwirtschaft, Schweinezucht (allerdings mehr gerochen als gesehen), sowie Pferdekoppeln und Reiterhöfe. All das erlebte ich in beschaulicher Ruhe. Zumindest war es vor den Höfen, vielleicht auch Tages- oder Jahreszeit bedingt, ausgesprochen still. Auch auf den zu passierenden kleineren Landstraßen und den einsehbaren größeren Straßen herrschte kaum Verkehr. Weder das Land noch seine Menschen strahlten in irgendeiner Form hektische Betriebsamkeit auf mich aus. Für einen im Großraum Stuttgart lebenden Bürger etwas ungewohnt. Wo genau ich zu diesen Eindrücken kam, möchte ich Ihnen nicht vorenthalten. Nach dem Einstieg in den bereits beschriebenen Panoramaweg waren es in Folge die Ansiedlungen in Badhaus, Oberetzenberg, Menzenweiler, Oberweiler und Ebisweiler.

Von dort aus war es auch nicht mehr allzu weit bis zu meinem Tagesziel, der Stadt Aulendorf. Aulendorf ist Kneippkurort und verfügt über mehrere Kliniken sowie ein Thermalbad. Dieses Thermalbad ist mit einem Freizeitbad zu einer wunderschönen Badelandschaft verbunden. Wie es der Zufall wollte, führte mich meine Route am Stadteingang zunächst genau dort vorbei. Durch eine parkartige Anlage gelangte ich schließlich in das Zentrum der Stadt. Ein beeindruckender Empfang. Im Zentrum dann gleich ein weiteres Highlight, das Schloss Aulendorf. Auch der Hofgarten von Aulendorf machte mir Appetit auf weitere städtische Attraktionen. Als ich nach dem Bezug meines Quartiers das Stadtzentrum noch näher erkundete, wurde ich allerdings ein wenig enttäuscht. Sicherlich verwöhnt durch die zuvor besuchten historischen Altstädte von Riedlingen und Bad Saulgau, gab es in Aulendorf nichts Vergleichbares zu sehen.

So wie am Tagesanfang hatte es mittlerweile auch am Abend angefangen leicht zu regnen. Auf die lange Suche eines gut bürgerlichen, typischen einheimischen Lokales verzichtete ich deshalb und wählte ein dem Hotel naheliegendes griechisches Restaurant. Die richtige Entscheidung, wie sich gleich herausstellen sollte. Aus der traditionell griechischen Speisekarte wählte ich gegrilltes Lamm mit Beilagen. Meine Bewertung – eigentlich typisch für griechische Lokale: gut, reichlich, preisgünstig und eine aufmerksame Bedienung. Nicht umsonst war das Lokal bis auf nur wenige freie Plätze belegt. Als ich es verließ, wurde der Regen stärker. Gott sei Dank hatte ich nur einen kurzen Nachhauseweg. Dem guten Gesamteindruck des Tages tat das schlechte Wetter am Abend dennoch keinen Abbruch.

Resümee und Highlights des sechsten Wandertages:

Das landwirtschaftlich geprägte Oberschwaben stand im Mittelpunkt dieser Tour. Ich wanderte auf wunderschönen Wegen. Nicht zuletzt durch den hilfreichen Tipp eines Bauern. Überhaupt begegneten mir an diesem Tag viele nette Menschen. Und das Wetter: mehr wolkig als heiter, jedoch mild und trocken. Nur morgens vor dem Start und abends am Ziel regnete es. Glück gehabt! Nach der etwas kürzeren Route von unter 20 Kilometern erreichte ich bereits den fünften Landkreis. Aulendorf gehört zum Kreis Ravensburg.

Moralwerte

Ich sprach am letzten Wandertag von netten menschlichen Begegnungen. Doch warum empfand ich sie als so angenehm? Als ich darüber nachdachte, charakterisierte ich meine Gesprächspartner so: freundlich, offen, zuhörend und interessiert, hilfsbereit, emotional, entspannt. Natürlich sind diese zufälligen und ganz oberflächlichen Kontakte in keiner Weise repräsentativ für die moralischen Werte einer ganzen Region. Zudem waren es zumeist ältere Menschen, die Zeit hatten und ganz entspannt mit mir plaudern konnten.

Neben dem Alter, dem sozialen und beruflichen Umfeld prägt sicherlich auch die geografische Lage das Verhalten von Menschen. Der weitläufige ländliche Bereich mit beschaulichen kleinen Orten und Städten steht im krassen Gegensatz zu den großstädtischen Ballungszentren mit hoher Industrie-, Wohnungs- und Verkehrsdichte. Diese unterschiedlichen Rahmenbedingungen beeinflussen die Charaktere von Individuen, Gruppen und ganzen Kulturen. Alle drei treffen unter anderem am Arbeitsplatz aufeinander. Dort, wo die meisten Menschen auch die längste Zeit ihres Lebens verbringen. Mit der Unternehmenskultur, sprich dem Umgang miteinander, ist es da freilich nicht immer gut bestellt. Auch wenn das Business tickt. Industrie, Handel, Banken, Dienstleistungen und vieles mehr waren zumindest 2014 sehr erfolgreich. Wir werden weltweit darum beneidet. Doch um welchen Preis erringen wir diesen Erfolg? Macht er uns wirklich glücklich und zufrieden? Wie sieht es mit der Entwicklung unserer moralischen Werte aus? Heiligt der Zweck generell die Mittel? Im Gegensatz zu meinen netten menschlichen Begegnungen stoßen wir im nüchternen Berufsalltag auf ganz andere Realitäten:

Gegenseitiges, gewissenloses Zuschütten mit elektronischer Post (E-Mails mit umfangreichen Anhängen, im privaten Bereich kommen die SMSen noch dazu) +++ Terminierte Einforderung zur Erledigung +++ Auf der anderen Seite: oberflächliche Lesemoral und unbefriedigende Antworten von den Empfängern +++ Kollegen sitzen in Büros nur wenige Meter auseinander, schreiben sich jedoch E-Mails, anstatt miteinander zu sprechen +++ Führungskräfte profilieren sich um jeden Preis, setzen Duftmarken und bringen Veränderungen nur um der Veränderung willen +++ Menschliche Netzwerke entwickeln sich zu Seilschaften, anstatt sie der Sache dienlich sind +++ Börsengesteuerte Unternehmen handeln im Zwang des kurzfristigen Erfolges für ihre Aktionäre +++ Topmanager kassieren utopische Gehälter, ohne für das unternehmerische Risiko zu haften.

Dies soll keine Schwarzmalerei sein, nur ein wenig sensibilisieren. Auch soll es den Erfolg unserer Wirtschaft in keiner Weise schmälern. Und natürlich haben wir viele Unternehmen, die vorbildlich handeln und trotz hoher Marktdynamik ihre Mitarbeiter mitnehmen, sie fortlaufend qualifizieren und auch am Erfolg teilhaben lassen. Ich hatte das große Glück über fast drei Jahrzehnte hinweg in einem solchen Unternehmen tätig sein zu dürfen. Es war ein größeres, unabhängiges Familienunternehmen mit einer langfristigen Ausrichtung unter Einbezug und Wertschätzung seiner Mitarbeiter.

Ich möchte jedoch noch einmal auf unsere moralischen Werte zurückkommen und in das Innere des Arbeitslebens eintauchen. Was sagt eigentlich die Kirche, bei all ihren eigenen Problemen, zu der Moral in den Unternehmen? Anlässlich eines Vortrags von Pater Dr. phil. Notker Wolf habe ich mir dazu folgende Notizen gemacht: Pater Wolf spricht von Moral, wenn wir eine gewisse Distanz zum eigenen Macht-, Profit- und Anerkennungsstreben entwickeln. Wir müssen neu lernen das Gute einzutrainieren. Das sind Tugenden. In diesem Zusammenhang spricht er auch von Sekundärtugenden wie Fleiß, Pünktlichkeit, Verlässlichkeit, Ehrlichkeit. Er ist gegen Manipulation, beziehungsweise vorgedachte Ergebnisse in Besprechungen, wo sozusagen mit Gewalt ein „Ja" abgeholt wird. Gleichzeitig macht er Mut zur eigenen Meinung und dem angstfreien Umgang mit zu befürchtenden Negativwirkungen. Er sagt: „Alle Menschen haben ihre Begabungen und nur im Miteinander schaffen wir die Zukunft. Überhaupt ist er ein Verfechter für die Freiheit und die Kostbarkeit der Freiheit. Wir sind keine Nummer des Kollektivs, sondern Individuen."

Ich finde diese Statements beeindruckend; es sind moralische Appelle, die wir alle beherzigen sollten – über den Beruf hinaus auch im Privatleben. Die übergeordnet wichtigsten Empfehlungen hat mir Pater Wolf somit vorweggenommen.

Moralwerte – meine persönlichen Gedanken und Anstöße für Veränderungen:

Ich möchte auf meine anfangs geschilderten Kritikpunkte in unserem (un)moralischen Handeln zurückkommen.

Elektronische Nachrichten (E-Mails/SMSen): Weniger ist mehr! Deshalb sollte der Versender schon vorab überlegen: Für wen ist die Mitteilung wirklich wichtig? Was fängt der Empfänger damit an und wo kann er mir konkret weiterhelfen oder gar selbst von den Inhalten meiner Botschaft profitieren? Der Empfänger wiederum sollte die Nachricht mit Sorgfalt lesen und beantworten. Bei allen Möglichkeiten der komfortablen digitalen Kommunikation sollten wir die persönliche nicht vernachlässigen. Mein Anliegen: Mehr miteinander reden und vor allem lernen sich gegenseitig zuzuhören. Manager in den Unternehmen: Henry A. Kissinger hatte einmal gesagt: „Neue Leute dürfen nicht Bäume ausreißen, nur um nachzusehen, ob die Wurzeln noch dran sind." Dem ist nichts hinzufügen. Menschliche Netzwerke: Sie sind in einer Welt voller komplexer Zusammenhänge unverzichtbar. Bitte jedoch die Sache priorisieren und nicht den persönlichen Vorteil. Börsengesteuerte Unternehmen: Nur dort wo nötig installieren; vielleicht gibt es mehr Möglichkeiten die eigenen Mitarbeiter an der Firma zu beteiligen. Dadurch ließen sich auch mittel- und langfristige Unternehmensziele besser verfolgen. Deckelung der Gehälter von Topmanagern: Das Aufbegehren in der Schweiz sollte Schule machen. Es brauchen nicht die dabei geforderten engen Maßstäbe sein. Ein moralisch noch vertretbares Verhältnis zwischen dem geringsten und höchsten Einkommen von Menschen in einem Unternehmen sollte jedoch angestrebt werden.

Ich möchte dieses Kapitel nicht mit einem Zitat, sondern mit dem Text des Nachrufes für eine beliebte Unternehmerin abschließen. Auch wenn es etwas makaber klingt: Ich habe den Text auszugsweise in meine persönliche Zi-

tatensammlung ganz bewusst mit aufgenommen. Weil er mir so wichtig erscheint und sehr viel mit menschlicher und unternehmerischer Moral zu tun hat:

„Dem Menschen mehr verpflichtet als dem Eigentum. Der Verantwortung mehr empfindend als der Freiheit."
(Nachruf für eine beliebte Unternehmerin)

Siebter Wandertag –
auf der Schwäbischen Eisenbahn

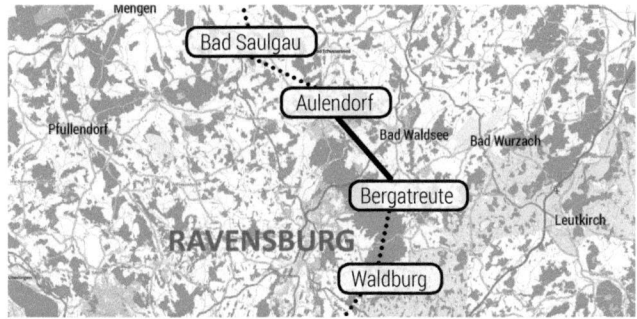

In der Nacht hatte es in Aulendorf kräftig geschüttet. Als ich aufwachte interessierte mich deshalb als allererstes das Wetter: Es hatte aufgehört zu regnen, der Himmel war allerdings stark bewölkt. Nach dem Frühstück suchte ich zunächst aus der Stadt heraus wieder die Orientierung für den nächsten Wanderabschnitt. Wegen umfangreicher Straßenbauarbeiten war dies gar nicht so einfach. Schließlich gelangte ich über den Vorort von Aulendorf, der Gemeinde Rugetsweiler, auf einen Fahrradweg. Dieser verlief parallel zur Landesstraße. Nicht wirklich attraktiv, dafür kam ich zügig voran. Kurz vor Tannweiler stieß ich dann wieder auf einen sehr schönen Pfad, abseits der Straße. Sehr weitläufig und mit viel Grün. Zunächst ging es an einem Rindermast-Betrieb vorbei. Ich hatte einen guten Einblick. Alles sah sehr sauber aus und machte auf mich den Eindruck einer ordentlichen Tierhaltung. Eine gefühlsmäßige Wahrnehmung, denn verstehen tue ich davon nichts. Wenige Meter später erreichte ich ein Freigehege mit Tieren, die nicht unbedingt typisch für Oberschwaben sind. Es waren Lamas, die sich jedoch sichtlich wohl fühlten und genüsslich das satte Gras kauten.

Hungriges Lama

Danach folgte ein kleiner Weiher und schließlich vereinzelt auch wieder Häuser. Nette kleine Häuser, malerisch gelegen mit reizenden Vorgärten. Ein älterer Mann stand zufrieden in seinem mit blau-weißen Latten eingezäunten Garten. Spontan fragte ich ihn, ob ich von ihm samt seinem schönen Anwesen ein Foto machen dürfte. Er freute sich über mein Interesse und willigte sofort ein. Anschließend wanderte ich guter Dinge durch die Gemeinde Obermöllenbronn weiter. Bei einem kurzen Blick auf meine Karte entdeckte ich die bekannte Kurstadt Bad Waldsee. Sie lag nur wenige Kilometer von meinem Standort entfernt. Später las ich, dass Bad Waldsee mit 2194 Sonnenstunden im Jahr 2012 der sonnigste Kurort Deutschlands war. Ausgerechnet als ich vorbei kam, schien die Sonne allerdings nicht. Der typische Vorführeffekt!

Also entschied ich mich, dort keinen Abstecher zu machen und direkt nach Reute weiter zu gehen, einem Vorort von Bad Waldsee.

Reute ist vor allem durch sein Franziskanerinnenkloster bekannt. Ich stieg die steile Treppe zum Kloster hinauf und wollte es etwas genauer in Augenschein nehmen. Als erstes fiel mir die plakative Werbung für ein vielfältiges Kulturangebot auf. Ja, die Klöster müssen auch schauen wo sie bleiben. Unter anderem las ich „Auszeithaus" und „Abschalten am Rande des Klosters Reute". Nun, für diese Themen hatte ich mir ja mein eigenes Programm ausgedacht. Dennoch bin ich vom positiven Effekt eines Klosteraufenthaltes durchaus überzeugt. Ich erinnerte mich: Meine Frau hatte so etwas einmal gemacht, vor vielen Jahren in dem wunderschönen Benediktinerkloster Neresheim im Ostalbkreis. Zur Klarstellung: Sie suchte damals nicht Abstand von mir, sondern nutzte den Klosteraufenthalt zur intensiven Vorbereitung einer wichtigen Prüfung. Das ruhige, spartanische Leben und das Beten im Kloster hatten wohl geholfen. Jedenfalls bestand sie ihre Prüfung. Nun, eine Prüfung wollte ich mit meinen 59 Jahren eigentlich keine mehr machen (das sollte sich nach Beendigung meiner Wanderschaft noch ändern; mehr darüber im letzten Kapitel). So ließ ich mich von einer anderen Offerte des Klosters überzeugen. Einer musikalischen. Als ich mich direkt vor dem Eingang der Klosterkirche auf eine Bank setzte, hörte ich Orchestermusik. Es war wohl die Hauptprobe für eine anstehende Aufführung. Die Kirchentür stand weit offen, so kam ich in den Genuss eines sehr ansprechenden klassischen Konzerts.

Anschließend marschierte ich vom Kloster zurück in die Gemeinde Reute. Auf einem Verkehrsschild entdeckte ich einen im wahrsten Sinne des Wortes altbekannten Ortsnamen, nämlich Durlesbach. Erinnerungen an meine Kindheit wurden wach. Dabei handelt es sich um ein Lied, das im Schwäbischen immer wieder gesungen wird: „Auf dr Schwäb'sche Eisebahne gibt's gar viele Haltstatione: Schtuagert, Ulm ond Biberach, Meckabeure, Durlesbach … Trulla, trulla, trulla-la … Trulla, trulla, trulla-la.…" So wurde auch der Bahnhof Durlesbach, der ehemaligen Königlich-Württembergischen Staats-Eisenbahn, berühmt. 1984 wurde er stillgelegt. Heute erinnert ein Eisenbahndenkmal an die gute alte Zeit. Ich verbinde mit Durlesbach vor allem das lustige Lied. Vielleicht habe ich es auch deshalb so positiv in Erinnerung, weil genau mit dieser Bahn unser erster, größerer Familienausflug stattgefunden hatte. Die Wahl war damals auf den Bodensee gefallen und es war eine Ein-Tages-Zug-Reise – also am selben Tag hin und zurück. Mein jüngerer Bruder und ich waren überglücklich. Das Ganze dürfte ein knappes halbes Jahrhundert zurückliegen.

Ich setzte meine Wanderung fort und überquerte bei der Gemeinde Gaisbeuren die Bundesstraße 30. Auch hier nochmals ein kurzes Nachsinnen, denn genau auf dieser Straße war ich in späteren Jahren per PKW an den Bodensee gefahren. Nicht jedes Jahr, aber immer mal wieder. Auf einem schönen Fahrradweg marschierte ich in Richtung Dinnenried weiter. Mittlerweile hatte sich der Himmel komplett zugezogen. Ein Gewitter nahte, mit baldigem Regen war zu rechnen. Ich präparierte mich mit Regenschutz und fand zudem am Waldesrand einen einfachen Unterstand. Leichter Schauer setzte ein, der jedoch schon bald wieder aufhörte. Er war lediglich Vorbote für das kurze Zeit später aufkommende starke Gewitter mit kräftigem Regen. Ich hatte allerdings den kleinen Waldabschnitt mittlerweile wieder verlassen und war auf freier Flur unterwegs. Es krachte aus den dunklen Wolken, der Regen wurde zunehmend stärker. In dieser etwas stressigen Situation blieb mir nichts anderes übrig, als die „Schlagzahl" deutlich zu erhöhen. Wirklich weiterhelfen konnte mir das schnellere Gehen freilich auch nicht. Dazu bedürfte es schon eines sehr glücklichen Umstandes. Und der ließ auch nicht lange auf sich warten. Just in dem Augenblick, als das Unwetter richtig Fahrt aufnahm, sah ich eine kleine Kapelle. Die Tür war „Gott sei Dank" nicht verriegelt. Also setzte ich mich auf die Bank in der ersten Reihe und blickte auf den kleinen Altar samt schöner Blumendekoration. Nach 20 Minuten war der ganze Spuk vorbei und ich setzte meine Tour voller Dankbarkeit fort.

Kleine Kapelle am Wegesrand

Der nächste Ort hieß getreu des Studiums meiner Karte Gwigg. Als ich den Ortseingang erreichte war ich etwas erstaunt: Auf dem Ortsschild stand nicht Gwigg sondern Gwiggi. Erst auf den zweiten Blick entdeckte ich, dass das i handschriftlich ergänzt war. Ein Lausbubenstreich, der natürlich auch mich zum Schmunzeln brachte. Und das auf dem Land dachte ich mir noch, als mich die Gegend mit all ihren wahren Reizen wieder schnell in den Bann zog: Wiesen, Obstbäume, nette kleine Bauernhäuser, freilaufende Hühner. So lief ich geradewegs auf mein Tagesziel zu, den kleinen Ort Bergatreute. Weil er so klein und überschaubar war gestaltete sich die Suche nach meinem Gasthof sehr einfach.

Wieder ein Traditionsgasthof mit netten Zimmern und einem älteren Ehepaar als Betreiber. Ich hatte meinen Rucksack noch nicht ganz entleert, als draußen wieder starker

Regen einsetzte. Glück gehabt, dachte ich mir. Glück hatte ich auch im Gasthof selbst. Eine exzellente Küche und wieder eine vom Chef selbst zubereitete Mahlzeit. Sicherlich kommen hierher auch Privat- und Geschäftsleute vom nicht allzu weit entfernten Ravensburg. Und trotzdem ist das Ehepaar zuvorkommender Gastgeber für die Bewohner ihrer Gemeinde. Konkret ereignete sich an jenem Samstagabend folgendes: Ein Landwirt betrat den Gasthof. Der Chef wollte ihm freundlich die Speisekarte reichen, doch der Mann winkte nur ab und sagte: Mach mr an Rettichsalat! Selbstverständlich war die Antwort und der sehr individuelle Wunsch des Gastes wurde prompt erfüllt. Die ganze Nacht vernahm ich starken Regen und dennoch zog ich wieder ein positives Resümee des zurückliegenden Tages.

Resümee und Highlights des siebten Wandertages:

Es war ein Abschnitt mit einer etwas anderen, jedoch wieder sehr abwechslungsreichen Landschaft von Oberschwaben. Ein Tag mit Kindheitserinnerungen an die Schwäbische Eisenbahn; aber auch ein Tag mit „göttlichem Beistand" bei schwerem Gewitter und starkem Regen. Ich wanderte etwas unter 20 Kilometer bei angenehmen Temperaturen, jedoch erstmals ohne eine durch die Sonne ins richtige Licht gesetzte Landschaft.

Schaffensfreude

Freude am Schaffen macht uns zumeist dann glücklich, wenn wir dadurch einen Nutzen stiften. Uns selbst und vor allem anderen. In dem Gasthof, wo ich den letzten Abend und die letzte Nacht verbrachte, war ich Nutznießer eines engagierten und aufrichtigen Schaffens. Ich profitierte von einer zuvorkommenden Bedienung, einem sehr guten Essen und gepflegtem Zimmer, sowie von seriösen Preisen. Nur allzu häufig zeigt uns der Alltag bei Inanspruchnahme von Handel, Handwerk und auch Dienstleistungen ein anderes Bild. Mitunter wird ja auch von der Servicewüste Deutschland gesprochen. Teils sind es wirtschaftliche Zwänge, teils sind es überforderte und auch unterbezahlte Mitarbeiter, zu einem großen Teil ist es jedoch auch die mangelnde Einstellung von Menschen. Zu allen drei Bereichen habe ich Beispiele gesammelt. Eines muss ich jedoch vorwegschicken: Eine klassische Trennung, wie bei den vorherigen Themen, nach „Problem und Empfehlung" kann ich hier nicht leisten. Zumeist sind die Kritikpunkte so eindeutig, dass man es eigentlich nur genau anders machen müsste.

Ich möchte bei den wirtschaftlichen Zwängen beginnen: Bahn und Fluggesellschaften fordern ihre Fahr-, beziehungsweise Fluggäste verstärkt um eine eigenständige Online-Ticket-Buchung auf; die Ticketautomaten auf den Bahnhöfen überfordern die Fahrgäste; auf den Flughäfen ist zunehmend ein eigenständiges Einchecken erforderlich. Insbesondere für ältere Menschen ist dies bisweilen nicht ganz einfach. Weiteres Beispiel: An der Kasse einiger großen Einzelhandel-Filialbetriebe sitzt keine Kassiererin/

Kassierer mehr, vielmehr ist der Kunde aufgefordert, seine im Einkaufswagen befindlichen Artikel selbst zu scannen und via Bank-/Kreditkarte auch selbstständig zu bezahlen. Den Gipfel einer „wirtschaftlichen Optimierung" erlebte ich jedoch in einer Weingegend mit Schloss und Kloster. Dort wurde eine anonyme Weinprobe per Automat angeboten. Zu den Mitarbeitern: Aus vielen Bereichen und Branchen kennen wir die teilweise unzumutbaren Rahmenbedingungen hinsichtlich Arbeitsaufkommen, Arbeitszeiten und Entlohnung. Zwangsläufig leidet darunter die Motivation und damit auch die Qualität der Arbeit. Wie ich bereits ausführte, hängt jedoch nicht alles mit den falschen Voraussetzungen zusammen, sondern ist es auch eine Frage der individuell richtigen Einstellung. Ausnahmslos und in allen Berufsgruppen und -Stellungen: Inhaber, Verantwortliche und ausführende Mitarbeiter. Was ich im Kapitel „Berufswege" zur Berufswahl und –Ausübung andeutete, möchte ich nun durch konkrete Beispiele vertiefen:

Häufig verbirgt sich hinter dem inakzeptablen Verhalten von Menschen eine gewisse Sättigung oder auch ein falscher Marken- und Berufsstolz. Hier zwei Beispiele aus bewusst ganz unterschiedlichen Bereichen: Ich hatte mit dem neuen Fahrzeug einer bekannten deutschen Automarke von Anfang an Probleme. Ein Fehler im Getriebe, der dazu führte, dass sich beim Start des Fahrzeugs automatisch der Rückwärtsgang einlegte. Dieser setzte sich fest und war auch nicht wieder umzustellen. Nachdem ich jedoch das jeweilige Fahrtziel nicht im Rückwärtsgang ansteuern konnte, musste das Fahrzeug abgeschleppt und in die Vertragswerkstatt gebracht werden. Das Gan-

ze passierte drei Mal. Beim ersten Mal wurde mir in der Werkstatt eine sehr ungeschickte Handbewegung beim Gangeinlegen attestiert. Bei meinen erforderlichen weiteren Besuchen in der Werkstatt (es hatte halt doch nicht an mir gelegen) wurde ich alles andere als zuvorkommend behandelt; geschweige denn wurde in irgendeiner Form eine Entschuldigung ausgesprochen. Erst nach dem dritten Werkstattbesuch und meiner Ankündigung auf Klage zur Fahrzeugwandelung wurde der Fehler gefunden und behoben. Das stolze, teilweise arrogante und wenig bemühte Verhalten der Mitarbeiter einer größeren Vertragswerkstatt hatte mich dazu bewogen, nie mehr auf diese Automarke zu setzen.

Stichwort Arroganz: Auch in unserem Gesundheitswesen ist sie anzutreffen: Ich saß mit zahlreichen weiteren Patienten im Wartezimmer eines Hals-/Nasen-Ohrenarztes. Wir warteten, obwohl der Termin für die offizielle Praxisöffnung längst verstrichen war. Mit zirka 15 Minuten Verspätung trat der noch junge Arzt – aufrecht und stolz – mitten durch die wartenden Patienten in seinen Behandlungsraum. Kein Kommentar und auch kein „guten Morgen" an seine Kunden. Ja, ich sage bewusst Kunden, denn von denen bestreitet er sein Ein- und Auskommen. Auch bei meiner anschließenden Behandlung wirkte der Arzt ausgesprochen barsch und unfreundlich. Ich konsultierte ihn das erste und gleichzeitig letzte Mal.

Mein drittes und letztes Beispiel hat nichts mit Stolz oder Sättigung zu tun, sondern mit der falschen Personalpolitik des Inhabers eines Lichthauses. In seinem Spezialgeschäft für Lampen und Leuchtsysteme beschäftigte er auch we-

niger qualifizierte Mitarbeiter. Zumindest begegnete mir solches. An deren Freundlichkeit gab es keinen Makel, jedoch an der Kompetenz. Ich suchte nach einer besonderen Schreibtischlampe und nahm zwei Exemplare in die engere Wahl. Schließlich wollte ich doch noch fachlichen Rat in Anspruch nehmen. Erste Antwort, in original Schwäbisch: „Mit denne Lampa hem mr no köine Probleme ket, dia send böide guat". Auf meine zweite Frage, welche Lampe denn besser wäre und welche sie empfehlen würde, schaute die Dame am jeweiligen Lampenboden auf das Preisschild und antwortete: „Dui muas besser sei, weil se teurer ischt". Na ja, so geht es halt auch nicht. So kann man gegen die großen Einzelhandels-Betriebsformen und auch den Online-Handel nicht bestehen. Dort sind die Artikel zumeist gut beschrieben.

Also mit Freude am Schaffen oder Nutzen stiften haben all diese Beispiele herzlich wenig zu tun. Und damit nochmals zurück zu den Ursachen für diese Fehlverhalten: Bei den wirtschaftlichen Zwängen fällt es am schwersten dagegen zu steuern. Wobei auch dort die langfristigen Auswirkungen beim Abbau von Serviceleistungen bedacht werden müssen. An der Schraube mangelnder Motivation von überforderten und unterbezahlten Menschen kann da schon eher gedreht werden. In den letzten drei Kapiteln habe ich hierzu bereits meine Empfehlungen abgegeben. Die größten Reserven liegen jedoch bei jedem Einzelnen von uns selbst. An weniger Anspruchsdenken und der richtigen Einstellung im Beruf und auch Privat. Ein paar Beispiele einer falschen Einstellung im Beruf habe ich dargestellt. Freilich sind diese nicht repräsentativ und ich habe auf allen drei Gebieten (Kfz-Service, Gesundheits-

wesen und Einzelhandel) ganz im Gegensatz dazu auch sehr viel Positives erlebt. Es sind nur Beispiele, die sich auf zahlreiche andere Bereiche unseres Berufs- und Arbeitslebens beliebig übertragen ließen. Und ich bleibe dabei, wie beim Beispiel des Arztes kommentiert, dass die meisten Menschen in irgendeiner Form Kunden zu bedienen und denen Nutzen zu stiften haben. Neben Industrie, Handel, Handwerk und Dienstleistungen sollten auch alle Ämter und öffentlichen Einrichtungen in den Kommunen, Landkreisen und Bundesländern ein kundenorientiertes Verhalten an den Tag legen. Ich wäre glücklich, wenn möglichst viele Menschen in ihrem beruflichen und auch privaten Umfeld das abschließende Zitat ein wenig beherzigen könnten:

„Werde also nicht müde, deinen Nutzen zu suchen, indem du anderen Nutzen gewährst." (Marc Aurel)

Achter Wandertag – auf den Spuren des HW 4: Main-Donau-Bodensee-Weg

So viel vorweg: Der HW 4 ist ein Hauptwanderweg des Schwäbischen Albvereins. Bevor ich auf diesen bekannten Wanderpfad stieß, musste ich allerdings ein etwas schwierigeres Gelände bewältigen. Doch der Reihe nach: Zunächst einmal war es sehr erfreulich, dass sich das Wetter nach viel Regen in der Nacht wieder stabilisiert hatte. Ich konnte die Wanderung bei angenehmen Temperaturen und einem teils heiteren, teils wolkigen Himmel fortsetzten. Über die Gemeinde Witschwende ging es bergab in ein Tal, das mich ein bisschen an die tiefen Täler des Schwarzwaldes erinnerte. Zunächst auf einem gut ausgebauten Wanderweg, später auf schmalem Pfad. Bis ich die Talsohle erreichte, wurde er immer kurviger und enger. Im Tal ging es dann mal leicht bergauf, mal leicht bergab. Eine faszinierende Landschaft, auch wenn ich die eindeutige Orientierung für den richtigen Weg verlor. Und dann stieß ich noch auf etwas eher Schwarzwald Typisches: In das Tal flossen Bäche und damit Frischwasser für die zahlreich vorhandenen kleinen Fischweiher. Ein wenig fühlte ich mich wie in einem Labyrinth. Ich irrte hin und her, fand aber schließlich doch noch den richtigen Aus- und Aufstieg aus der Tiefe.

In diesem Augenblick begegneten mir zwei Wanderer. Ein älteres Ehepaar, das einen Tagesausflug unternahm und von der Einsamkeit des Tales begeistert war. Eine kurze Unterhaltung klärte auf: Sie hatten ihr Wohnmobil in Wolfegg stationiert und unternahmen von dort aus ihre Aktivitäten. Wolfegg ist ein heilklimatischer Kurort und nicht zuletzt bekannt durch sein Bauernhaus- und Automuseum. Ich gelangte über die Gemeinden Berg und Wassers dann auch dorthin. Knapp zwei Stunden hatte ich allerdings für den zumindest kilometermäßig kurzen ersten Wanderabschnitt nicht eingeplant. Aber es war auch eine ganz besondere, eine wildromantische Landschaft. Über Wolfegg ragte sein prächtiges, mittelalterliches Schloss. Es wird noch heute von einer Fürstenfamilie bewohnt. Passend zur Umgebung des alten Schlosses näherte sich mir ein Pferdegespann. Zwei weiße Pferde, dunkel gefleckt, zogen die Kutsche. Mit auf der Sitzbank des Kutschenführers saß ein Dalmatiner. Das „Outfit" des Hundes war exakt auf das der Pferde abgestimmt. Auch er hatte dunkle Flecken auf weißem Fell. Ein im wahrsten Sinne des Wortes uriges Gespann. Schade, dass die Kutsche sehr zügig an mir vorbeizog und ich so von dem Augenschmaus nur ein unbrauchbares Foto schießen konnte.

Vom unteren Teil der Gemeinde Wolfegg marschierte ich nun wieder bergaufwärts. Auf einem Fahrradweg erreich-

te ich die Schachenmühle. Es folgte ein kurzer Abschnitt
entlang der L 324, bevor ich bei der Gemeinde Grund wieder auf einen schönen Wanderweg stieß. Es war der besagte HW 4, Hauptwanderweg Nr. 4. Wahrscheinlich hatte
ich ihn schon beim Aufstieg aus dem „Schwarzwäldertal" kurz gestreift, nun aber hatte ich ihn augenscheinlich
wahrgenommen und für den Rest des Tages auch nicht
mehr verlassen. Und es war ein ausgesprochen schöner
Weg. Ab dem Ort Halden verlief er durch den Wald und
teilweise am Waldesrand. Überhaupt folgte nun einer der
längsten, in jedem Fall jedoch der schönste Abschnitt meiner gesamten Wanderung durch Waldgebiet. Der Boden
auf dem schmalen Wanderpfad war weich, der Weg eben
und deshalb auch besonders angenehm zu gehen. Auch
hatte ich den Eindruck, dass die Vegetation des Waldes
einen etwas mediterraneren Charakter hatte, als in den
zuvor durchwanderten Gebieten. Schließlich war der Bodensee in nicht mehr allzu weiter Ferne. Gräser, Farne und
blühende Kräuter durchkämmten ganze Schneisen des
Waldes.

Waldeslust

Ich ging leicht, beschwingt, ja fast schon ein wenig berauscht. Natürlich leistete auch das Wetter dazu einen wichtigen Beitrag. Im Laufe des Nachmittags hatte sich die Sonne vollends durchgesetzt und es wehte eine leichte, sehr angenehme Prise. Im Wechselspiel mit den sich bewegenden Baumwipfeln kam die Sonne kurzzeitig durch und verschwand wieder. Die Natur bot mir eine Lightshow der besonderen Art. Zum Licht fehlte nur noch der Ton im passenden Rhythmus. Diese Aufgabe übernahmen die Bäume, die unmittelbar links und rechts meines Weges Spalier standen. Ihr sanftes Rauschen machte das Konzert mit einzigartigem Bühnenbild vollends perfekt. In dieses Bühnenbild reihte sich auch noch das Alpenpanorama ein. Ich bekam es immer dann zu Gesicht, wenn der Weg in kurzen Abschnitten am Waldesrand entlang verlief.

Auf die dabei passierten kleineren Gemeinden könnte man schon etwas eifersüchtig werden: Wunderschöne Wohngebiete in exponierten Lagen, ruhig am Wald gelegen mit herrlichem Blick auf die Alpen. Wie gesagt, dieser Weg führte von Halden aus vorbei an kleineren Gemarkungen und den Ort Heißen schließlich nach Waldburg. Kaum hatte ich den langen Waldabschnitt verlassen, stand sie vor mir, die Waldburg. Eingebettet in eine harmonisch-sanfte Hügellandschaft. Ich passierte eine der Anhöhen und entdeckte ein Bänkchen, das zum Verweilen einlud und mir einen wunderschönen Ausblick bot.

Die Waldburg

Doch was hat es mit dieser Waldburg und seiner Gemeinde auf sich? Die Waldburg gilt als eine der besterhaltenen mittelalterlichen Burganlagen Süddeutschlands und ist eines der Wahrzeichen Oberschwabens. Im Gemeindegebiet sind sechs Naturschutzgebiete sowie ein Landschaftsschutzgebiet ausgewiesen. Wenn das keine Argumente für einen entspannenden Aufenthalt sind? Das von mir gebuchte ortsansässige Hotel war für Erholungssuchende entsprechend gut eingerichtet. Im Nebenhaus des Hotels bezog ich bei bester Stimmung mein Zimmer. Es war Sonntag und das Restaurant hatte geschlossen. Aber das hatte man mir ja schon bei meiner Buchung gesagt.

Also machte ich mich auf den Weg ins Dorf und entdeckte alsbald den Gasthof „König Wilhelm". König Wilhelm war übrigens der Initiator der bereits beschriebenen Schwäbischen Eisenbahn. Das war um 1834. Es dauerte dann noch gute zehn Jahre bis zum Bau. So aus der Zeit dürfte auch der Gasthof gewesen sein, den ich nun direkt anpeilte. Am Eingang hing ein kleiner Schaukasten mit der Speisekarte. Vier Gerichte standen auf einem Blatt Papier, das von Hand beschrieben war. Warum nicht, dachte ich mir. Hauptsache das Essen ist gut. Sonach betrat ich das Lokal, das auch im Inneren einen antiquierten Eindruck auf mich machte. Weitere Gäste waren Fehlanzeige. Bis auf einen älteren Mann, der bei einem Krug Bier am Stammtisch saß. Er unterhielt sich sehr angeregt mit der Gastwirtin. In Original Oberschwäbisch. Es ging um „Kommunalpolitik", unter anderem um Haus- und Grundstückspreise. Ich verstand längst nicht alles und fühlte mich dennoch bestens unterhalten. Bevor die Chefin meine Bestellung entgegennahm, fragte sie mich höflich und kompetent: „So sinn mr uff am HW 4?" Ich bejahte dies, zumindest für einen kleinen Abschnitt dieses Wanderweges. Der HW 4 scheint für den Gasthof wichtig zu sein, denn schon aus dem „Stammtischgespräch" zuvor habe ich mitbekommen, dass der „König Wilhelm" auch dessen Wanderer beherbergt. Zudem nutzen Fahrradtouristen den Gasthof als Unterkunft. Bei meinen im Vorfeld der Wanderung angestellten Internetrecherchen für eine Übernachtung in Waldburg war ich allerdings nicht auf diese Adresse gestoßen. Warum auch immer. Das bestellte Schnitzel mit Pommes war jedenfalls schnell zubereitet und schmeckte mir ausgezeichnet. Ich genoss das rustikale Ambiente des Lokals und fühlte mich für eine gute Stunde ins 19. Jahrhundert zurückversetzt.

Resümee und Highlights des achten Wandertages:

Die Dramaturgie für diesen Wandertag hätte nicht besser geschrieben werden können: Nach dem etwas mühsamen, jedoch landschaftlich sehr reizvollen Einstieg in das „Schwarzwäldertal" folgte über den HW 4 ein ausgesprochen schöner und angenehm zu gehender Abschnitt durch den Wald. Ein echter Geheimtipp für das Wandern im Sommer. Zu einem Geheimtipp ganz anderer Art entpuppte sich der abendliche Besuch im Gasthof „König Wilhelm".

Umweltdilemma

Über die Schönheit des Waldes kam ich bei meinem letzten Wandertag regelrecht ins Schwärmen. Auch an anderen Tagen erlebte ich imposante Abschnitte durch Waldgebiete. Gerade an warmen und heißen Sommertagen kann man sich sehr angenehm darin bewegen. Sei es beim Spazierengehen, Wandern, Walken oder Joggen. Nicht nur im Sommer, auch im Frühjahr, Herbst oder Winter bietet er uns Anmut, Faszination und gute Luft zugleich. Er ist Balsam für Körper und Seele. Wir schätzen ihn und er ist ein wichtiger Bestandteil unseres Landschaftsbildes.

Unter den zahlreichen Baumarten nimmt dabei die Eiche eine ganz besondere Stellung ein. Bis heute gilt sie in vielen Kulturen Europas als Sinnbild für Standhaftigkeit, Weisheit, Wahrheit, Treue und Heldentum. Doch gerade ihr scheint es gesundheitlich nicht besonders gut zu gehen. Zu unseren bedeutenden Baumsorten zählt auch die Buche. Leider steht sie nach der Eiche gleich an zweiter Stelle was die Beschädigungen anbelangt. Zumindest besagt dies der Waldzustandsbericht von Baden-Württemberg. Hier die ernüchternden Ergebnisse zum „Dauerpatient" Wald:

Über ein Drittel der Bäume sind deutlich geschädigt +++ Nur ein Viertel der Waldfläche ist völlig gesund +++ Von Blatt- und Nadelverlust sind in Rangfolge betroffen: Eiche, Buche, Kiefer, Tanne, Fichte.

Eine traurige Bilanz zum Zustand einer unserer wichtigsten Landschafts-Kulturgüter. Aus anderen Schlagzeilen ist zu lesen, dass sich unsere alten, gesunden Buchen zum Exportschlager nach China entwickelt haben. Angeblich befriedigen sie dort den Holzhunger für die Bauindustrie. Eine für mich nur schwer nachvollziehbare Entwicklung. Dürfen wir mit einer unserer wenigen Naturressourcen so verschwenderisch umgehen? Und damit nochmals zurück zum kranken Wald und den Ursachen dafür. Der Stressfaktor heißt Klimawandel! Der Wald ist nur ein Beispiel. Die global negativen Auswirkungen ziehen weit größere Kreise. Ein paar Fakten zu einer offensichtlich gescheiterten Klimapolitik:

Das Ziel der Erderwärmung von nicht mehr als zwei Grad Celsius wird aus den Augen verloren +++ Die Welt steuert bis 2100 eher auf vier Grad Celsius zu +++ 2013 war so viel Treibhausgas in der Atmosphäre und in den Ozeanen wie noch nie zuvor +++ Auch Europa gibt Anlass zur verstärkten Sorge +++ Detail-Ergebnisse: steigende Oberflächen-Temperaturen +++ massiver Anstieg der Emissionen aus fossilen Brennstoffen +++ Schmelzen der arktischen Eiskappe.

Besonders ernüchternd ist, dass sich erstmals die Experten aller bedeutenden Institute einschließlich des Weltklimarates darüber einig sind, dass der Klimawandel zu 95 bis 100 Prozent das Werk von Menschen ist. Die negativen Folgen der Erderwärmung treffen uns weltweit und mit brachialer Gewalt. Doch wann beginnt die Menschheit mit einschneidenden Maßnahmen für Veränderungen? Es muss global verhandelt und dennoch so schnell wie möglich auch lokal gehandelt werden. Nicht warten auf die Welt, sondern wo und wie immer möglich mit guten Beispielen vorangehen. Natürlich ist dies leichter gesagt als getan. Die wirtschaftlichen Zwänge sind groß und niemand möchte, dass sein „Lebensstandard" darunter leidet. Ungeachtet dessen habe ich versucht, ein paar Gedanken zu dieser schwierigen Thematik beizusteuern.

Umweltdilemma – meine persönlichen Gedanken und Anstöße für Veränderungen:

Die Ansätze für die Reduzierung des Treibhausgases Kohlendioxid liegen in der Industrie, in öffentlichen Einrichtungen, im Straßen- und Luftverkehr, in der Landwirtschaft sowie in den privaten Haushalten. Durchaus Bereiche, wo jeder von uns durch überlegte Entscheidungen in Kauf und Verwendung positiv Einfluss nehmen kann.

Meine Empfehlungen zu einem umweltfreundlicheren Verkehr auf Straßen und Schienen habe ich bereits im Kapitel Mobilitätseffekte dargestellt. Ein Maßhalten in der Nutzung der Luftfahrt ist zwingend notwendig. Zahlreiche Möglichkeiten gibt es in Haus und Haushalt: Im Einsatz von Elektrogeräten mit niedrigem Energieverbrauch. In der besseren Isolierung unserer Häuser und Wohnungen. Beides ist nicht immer nur eine Frage der Finanzierung, sondern auch des Priorisierens. In der Drosselung von Wohnungs- und Raumtemperaturen. Vielleicht hilft dabei auch ein Blick in die Vergangenheit, wo nur eine, die sogenannte „gute Stube" beheizt wurde. Von Haus und Technik zu den Einrichtungen, Gebrauchsgütern und den Lebensmitteln: Gezielter Qualitäts- anstatt verschwenderischem Massenkonsum ist angesagt. Im Kapitel „Stresswelten" bin ich bereits darauf eingegangen. Wo Qualität anstatt Quantität gekauft wird, muss auch weniger verpackt und weniger Verpackung weggeworfen werden.

Nicht nur bei den Gebrauchsgütern, sondern auch bei unseren Nahrungsmitteln. Woher beziehen wir diese? Aus aller Welt oder vielleicht besser vom regionalen Anbau? Auch das schont die Umwelt, stärkt die Erzeuger und ernährt uns mitunter gesünder. Welche Lebensmittel kaufen und verzehren wir? Mit mehr Gemüse und weniger Fleisch leisten wir einen besonders wichtigen Beitrag zur Reduzierung klimaschädlicher Gase.

Es liegt an uns Verantwortung für die Zukunft zu übernehmen. Verantwortung für die Umwelt und das Wohl der kommenden Generationen. Wenn wir so weitermachen wie bisher, wird uns die Natur in Folge der Erderwärmung die Grenzen immer häufiger und dramatischer aufzeigen.

„Ohne Frieden mit der Natur, kein Friede mit den Menschen." (Carl-Friedrich von Weizsäcker)

Neunter Wandertag –
eine Landschaft voller Hopfen und Obst

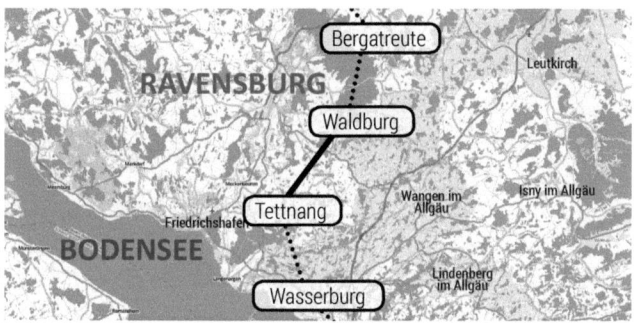

Es fiel mir an diesem Tag besonders leicht aufzustehen. Nicht nur wegen der amüsanten „Mundart-Unterhaltung" vom Vorabend, sondern weil die Sonne schon ab dem frühen Vormittag lachte. Ich hatte einen längeren Wanderabschnitt vor mir und machte mich deshalb beizeiten auf den Weg. Direkt am Ortsausgang von Waldburg fand ich den Einstieg in den HW 4. Waldburg steht für Wald und schon war ich wieder mitten drin. Allerdings nur kurze Zeit. Ich wechselte – eher versehentlich – auf einen Fahrradweg. Nicht zu meinem Nachteil, wie sich gleich herausstellen sollte. Das Landschaftsbild außerhalb des Waldes war an diesem Morgen ganz besonders reizvoll: ein gigantischer „Schönwetterblick" auf die Alpen. Nach dem Überqueren der B 32 (Bundesstraße Ravensburg/Wangen) stieß ich wieder auf den HW 4. Es folgte ein idyllischer Weg in einer leicht hügeligen Landschaft. Wälder, Wiesen und Kornfelder wechselten sich ab. Ich ging an kleineren Bauernhöfen vorbei, die außerhalb der Ortschaften angesiedelt waren. Manchmal hatte ich den Eindruck, dass der

Weg durch deren Privatgrundstücke führte. Gestört hat es wohl niemand und so erreichte ich beizeiten den Ort Bodnegg. Wunderschön gelegen, mit gepflegten, öffentlichen Grünanlagen und einer stilvollen Wegebeschilderung für Fußgänger und Fahrradfahrer. Es hatte den Anschein nach einem für Touristen herausgeputztem Ort. Ferien auf dem Bauernhof könnte ein Highlight sein. Später las ich, dass zu der Gemeinde annähernd hundert Weiler, beziehungsweise Höfe zählen.

Auch nach Bodnegg marschierte ich auf dem HW 4 weiter. Dann muss ich allerdings nochmals einen Fehler gemacht haben. Jedenfalls kam ich bei Hinterreute vom Hauptweg ab und gelangte über Vorderreute in die Gemeinde Krumbach. Plötzlich las ich eine Beschilderung für den Wanderweg HW 9. Kein Schreibfehler, ich war einfach auf den falschen Pfad geraten. Nun galt es das Beste daraus zu machen. Und ich fand eine geeignete Kurskorrektur. Inmitten großer Hopfenanlagen wanderte ich in Richtung Matzendorf und Flockenbach weiter.

Wilde Vegetation vor großen Hopfenfeldern

An einer kleinen Kapelle machte ich Halt. Trotz leichtem Wind war es mittlerweile ziemlich heiß geworden. So kam mir die vor der Kapelle stehende Bank wie gerufen. Kaum hatte ich mein Vesperbrot ausgepackt, vernahm ich inmitten dieser Felder das Geräusch eines herannahenden Fahrzeugs. Das Auto hielt direkt vor der Kapelle. Ein älteres Ehepaar stieg aus und informierte mich freundlich über ihr Vorhaben, diese Kapelle innen mit Blumen zu schmücken. In wenigen Tagen sollte hier ein Gottesdienst aus Anlass des St. Anna Festes stattfinden. Der 26. Juli ist der Gedenktag an die Heilige St. Anna. Danach hieß auch die Kapelle „St. Anna-Kapelle", die wohl im 15. Jahrhundert erbaut wurde. Es war wiederum ein ausgesprochen netter Kontakt und ich ließ mir abschließend noch die Richtigkeit des eingeschlagenen Weges nach Tettnang bestätigen. Was folgte war ein weitläufiges, leicht hügeliges Gebiet mit Hopfen und Obst soweit das Auge reichte. Vor der Gemeinde Enzisweiler fand ich eine Abzweigung nach Untereisenbach. Nun sah ich auch auf der Karte, dass sich das Ausmaß meines Umweges in Grenzen hielt. Parallel zur L 326 kam ich an Biggenmoos vorbei und stand schließlich oberhalb von Tettnang.

Ein unvergesslicher Augenblick: Erstmals sah ich den Bodensee. Durch die Perspektive von oben sah es so aus, als ob er gleich hinter Tettnang beginnen würde. Eine optische Täuschung, denn Luftlinie gemessen dürfte er noch mindestens zehn Kilometer entfernt gewesen sein. Zum Wandern noch deutlich weiter, wie sich am nächsten Tag herausstellen sollte. Ich genoss den phantastischen Ausblick an diesem schönen Spätnachmittag, dann ging es bergabwärts weiter und bald erreichte ich den Stadteingang. Tettnang gehört zum Bodenseekreis, also hatte ich am neunten Wandertag den sechsten Landkreis erreicht. Es war mit knapp 19000 Einwohnern die bislang größte Stadt innerhalb meiner Tagesrouten. Tettnang ist auch die drittgrößte Stadt des Bodenseekreises. Und sie hat einiges zu bieten:

Tettnang gilt als Stadt des Hopfens. Damals wie heute. Das Hopfenmuseum belegt dies in drei historischen Gebäuden. Zahlreiche weitere historische Bauwerke erzählen die Geschichte der Stadt und verleihen ihr das ganz besondere Flair. Ich konnte mich selbst davon überzeugen: Zum Beispiel vom Neuen Schloss, dem Wahrzeichen von Tettnang. Zu ihm gehören das Schlossmuseum und eine Terrasse mit herrlicher Aussicht. Oder dem Alten Schloss, das 1667 erbaut und 1904 zum Rathaus umgebaut wurde.

Das Neue Schloss von Tettnang

Auch das Torschloss, das zweite Wahrzeichen von Tettnang, bezog ich in meinen abendlichen Spaziergang ein. Die ältesten Teile sind mit der Stadtbefestigung im 14.

Jahrhundert gebaut worden. Vor diesem schlossartigen Gebäudeensemble liegt der idyllisch gelegene Bärenplatz. Hier endete mein Streifzug durch die historische Altstadt von Tettnang. In einer reizenden Gartenwirtschaft genoss ich nicht nur die vorzügliche italienische Küche, sondern auch das schon fast obligatorische abendliche Unterhaltungsprogramm. Gerne lasse ich Sie an meinen beobachteten Gebärden und Gesprächen von Menschen teilhaben. Die Wahrnehmung bezieht sich auf zwei Nachbartische mit völlig unterschiedlicher Zusammensetzung der Protagonisten. Vorab jedoch zur Klarstellung: Es war kein bewusstes Belauschen, aber ich konnte mich ja schließlich nicht in Luft auflösen oder die Ohren zuhalten. Und Ablenkung durch Gäste an meinem eigenen Tisch hatte ich keine. Ich amüsierte mich köstlich, ohne dass ich selbst mit den Darstellern in irgendeiner Form in Kontakt getreten wäre:

Zunächst der etwas entferntere Tisch, der jedoch direkt in Front vor mir permanent einsehbar war. Die gemachten Beobachtungen beziehen sich also vor allem auf Gesehenes: Ein Vater, seine Tochter und deren Freund saßen an einem Vierertisch. Sie waren wohl am Ende eines Mehrgänge-Menüs angelangt. Der Vater war allerbester Stimmung und bestellte abschließend noch ein Krügchen Weißwein. Direkt neben ihm saß seine Tochter. So viel verstand ich auch aus etwas Distanz. Die beiden hatten einen Riesenspaß miteinander, schäkerten und lachten minutenlang als wären sie ein Liebespaar. Schräg gegenüber der Tochter saß ihr Freund. Er wurde in die Unterhaltung so gut wie nicht mit einbezogen. Man spürte, dass er sich in seiner Rolle unwohl fühlte. Vielleicht verließ er auch deshalb innerhalb kurzer Zeit gleich zweimal den Tisch. Daran bemerkte ich übrigens, dass er der Freund des Mädchens war. Zu diesem Anlass der kurzen Trennung gab es jeweils ein Küsschen für die Freundin. Also geküsst hat der Vater seine Tochter nicht. Nur, als sie das Lokal verließen und die Tochter mit Freund und der Vater getrennte Wege gingen, gab es eine Art Abschiedskuss auf die Wange. Ja, nun frage ich die Psychologen, wie das ganze Verhalten in dieser Dreierkonstellation zu bewerten ist. Also in der Haut des Freundes hätte ich jedenfalls nicht stecken wollen.

Ganz anders, weniger spaßig und reich an Gestik, nahm ich den Tisch links neben mir wahr. Er stand in meiner unmittelbaren Nähe, so dass ich jedes Wort der Unterhaltung dieser drei Gäste bestens verstand. Es war eine Art akademischer Männer-Stammtisch. Die Unterhaltung verlief ruhig und diszipliniert, die Themen waren anspruchsvoll, die Rhetorik ausgefeilt. Also nicht unbedingt packend oder das, was ich mir nach einem anstrengenden Wandertag gewünscht hätte. Plötzlich wurde ich jedoch hellwach. Einer der drei Herren kam auf seine am nächsten Tag anstehende Entlassung aus dem Schuldienst zu sprechen. Er war Gymnasiallehrer, was ich schon zuvor herausgehört hatte. Im Gegensatz zu mir hatte er jeden Tag seiner beruflich möglichen „Schaffensjahre" ausgeschöpft. Doch dies scheint ihm nicht ausgereicht zu haben. Er war Fünfundsechzig und hätte gerne weitergemacht. Am nächsten Tag stand die Entgegennahme der Entlassungsurkunde an. Er kommentierte dies so traurig, als müsse er zu seiner eigenen Beerdigung. Das stimmte mich schon ein wenig nachdenklich. Schließlich hatte ich mich bei aller Leidenschaft für meinen Beruf auf die neu gewonnene „große Freiheit" riesig gefreut. Auf der anderen Seite konnte ich den treuen Staatsdiener nicht ganz verstehen und befürchtete fast, dass er ohne konkrete und motivierte Planung für seinen letzten Lebensabschnitt in ein großes Loch fallen könnte.

Ein relativ kleines Loch war das Zimmer, das ich nach meinem Abendprogramm im Hotel aufsuchte. Aber ich wollte wieder zentral wohnen und war froh, dass mir das größere Hotel (obwohl eigentlich schon ausgebucht) bei meiner Vorabreservierung mit diesem Angebot entgegenkam. Nach einem Marsch von deutlich über 20 Kilometern konnte ich wieder mal ein sehr positives Fazit ziehen.

Resümee und Highlights des neunten Wandertages:

So wie am Tag zuvor der Wald dominierte, waren es an diesem Tag die Hopfenfelder. Ein ganz anderes Landschaftsbild und gerade deshalb so reizvoll. Die Stadt Tettnang steht nicht nur symbolisch für den Hopfen, sondern bot mir mit ihren baulichen Schönheiten einen krönenden Tagesabschluss. Das warme Wetter und die reizende Gartenlaube bescherten mir einen Abend mit geradezu mediterranem Urlaubsflair.

„Überlebenskampf"

Aus dem beobachteten Verhalten des Gymnasiallehrers ließ sich unschwer erkennen: Er liebt seinen Beruf und hat auch Lust auf die damit verbundenen Anstrengungen. Etwas intensiver hat sich mit dieser Thematik Prof. Felix von Cube beschäftigt. Schon vor vielen Jahren besuchte ich im Großraum Stuttgart einen Vortrag von ihm. Seine Statements, die auch in neuerer Zeit vorgetragen und in der Literatur nachzulesen sind, haben mich tief beeindruckt: „Die Passivität und Untätigkeit der Menschen ist nicht im Plan der Schöpfung vorgesehen. Der Mensch ist daher als gefährdetes Wesen geschaffen, das um sein Überleben kämpfen muss, wie andere Lebewesen auch. Aus Sicht der Evolutionsbiologie ist der Mensch geradezu auf Anstrengung programmiert, auf den ganzen Einsatz seiner Kräfte. Hingegen führt Lust ohne Anstrengung zu Langeweile oder gar Selbstzerstörung. Verwöhnung ist eine gefährliche Massenerscheinung. Diese negative Entwicklung wird auch bei Kindern bestätigt: Verwöhnte Kinder sind besonders aggressiv." Daraus schließt er: „Arbeit ohne Lust und Lust ohne Anstrengung kann der Mensch auf die Dauer nicht ertragen."

Mehr denn je wird mir bewusst, wie wahr und wichtig diese Thesen sind, uns gleichzeitig aber auch vor große Herausforderungen stellen. Insbesondere die elementar für das Wohlbefinden des Menschen notwendige Arbeit bereitet mir Kopfzerbrechen: Die Aufgabe, die Herausforderung, die Anstrengung, die Machbarkeit und die Freude an der Arbeit. Nur allzu häufig zeigt uns der Alltag über die Grenzen unseres Landes hinaus dieses Bild:

Viele Menschen haben zu viel Arbeit und sind permanent überfordert +++ Daraus resultiert: Anstrengung ohne Lust +++ Andere Menschen wiederum werden auch in der Zukunft keine Arbeit finden +++ Gründe hierfür: Durch den Einsatz moderner Tools und Anlagen werden Arbeitsprozesse permanent optimiert +++ Der Mensch wird immer entbehrlicher – es werden weniger und nur noch hochqualifizierte Fachkräfte gebraucht.

Zu den Themen zu viel Arbeit, zu viel Komplexität, zu viel Stress habe ich den vorherigen Kapiteln bereits versucht meine Empfehlungen abzugeben. Noch schwerer ist eine Antwort auf die Frage: Wie bringen wir möglichst alle Menschen in Arbeit? Da kommt man um ein Überdenken unserer Wertschöpfungsprozesse nicht herum. Nach dem Bericht zu meinem dreizehnten Wandertag habe ich versucht im Kapitel „Wertschöpfung" hierzu ein paar Gedanken beizusteuern.

Neben zu viel Arbeit („Anstrengung ohne Lust") und keiner Arbeit erleben wir auch noch das Phänomen der „Lust ohne Anstrengung". Ein Luxusproblem, das in unterschiedlicher Form und Ausprägung auch in unserem Lande bisweilen anzutreffen ist:

Gesättigte, bequeme und dennoch gut bezahlte Angestellte, Führungskräfte und Unternehmer +++ Außerdem gefährdet: verwöhnte Erben reicher Vorfahren +++ Zweite, dritte oder auch spätere Generation erfolgreicher Familienunternehmen (Sie können das ganze Unternehmen und die Existenz seiner Beschäftigten gefährden) +++ Erfolgreiche Aktienspekulanten und Glücksspielteilnehmer +++ Verhätschelte Kinder, ohne Beziehung zur eigenen Leis-

tung und dem Lebensstandard.

Fakt scheint zu sein, dass auch solche Lebensumstände die Menschen nicht glücklicher machen. Ich habe versucht, die unterschiedlichen Konstellationen etwas näher zu beleuchten.

„Überlebenskampf" – meine persönlichen Gedanken und Anstöße für Veränderungen:

Wichtig erscheint mir eine eigene Standortbestimmung. Detailliert und sensibel betrachtet: Wie ist meine persönliche Situation, lebe ich primär in der Lust ohne Anstrengung oder in der Anstrengung ohne Lust? Im besten Fall natürlich in der Anstrengung mit Lust. Wenn dem nicht so ist, einfach den Versuch wagen, an Schlüsselstellen „nachzujustieren" und das Leben ein Stück weit neu planen.

Wie wichtig es ist, das richtige Maß der Lust zu finden und die von Prof. von Cube gestellten Thesen zu beherzigen, möchte ich an meinem abschließenden Beispiel verdeutlichen:

Sie machen Urlaub in den Bergen. Es ist ein herrlicher Tag mit phantastischer Fernsicht. Der bequemste Weg zur Spitze des Berges führt über eine Seilbahn. Sie sind körperlich topfit und entscheiden sich trotzdem für die Nutzung dieser Bahn. Haben Sie oben angekommen wirklich das totale Glücksgefühl oder ist es halt Lust ohne Anstrengung? Eine andere Situation: Sie fühlen sich an diesem Tag alles andere als fit und entscheiden trotzdem den Berg zu besteigen. Der Aufstieg wird zur Qual. Je länger sich der Weg zieht, desto mehr fühlen sie sich gestresst. Es entwi-

ckelt sich Anstrengung ohne Lust, aus der Überanstrengung heraus halten sich die „Gipfelfreuden" in Grenzen. Und dann natürlich noch der Idealfall: Sie sind fit, entscheiden sich für den gewanderten Aufstieg und belohnen sich oben mit einem herrlichen Ausblick selbst.

Nicht immer ist es so einfach den Grad unserer Anstrengungen selbst zu bestimmen. Dennoch möchte ich Sie mit diesem abschließenden Zitat ermutigen:

„Anstrengung ist die Würze zum Glück." (Xenophon)

Zehnter Wandertag – rein in den Trubel

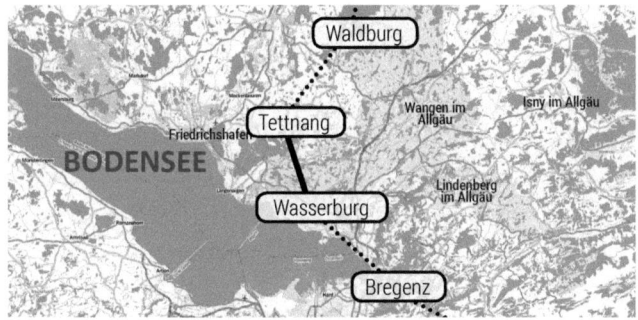

Motiviert vom letzten Wandertag und der Perspektive noch am heutigen Tag den Bodensee zu erreichen, war mein Tatendrang an diesem Morgen besonders groß. Da tat auch das winzig kleine Hotelzimmer meiner Stimmung keinen Abbruch. Ich packte meine sieben Sachen und ging zunächst vom Dachgeschoss runter in das Erdgeschoss des Hotels. Frühstücken war angesagt. Erstmals im Beisein von zahlreichen „Geschäftsreisenden", die auch im Hotel übernachtet hatten. Da flammten Erinnerungen an meine Berufszeit mit Reisen auf Tagungen und Ausstellungen auf. Wie oft hatte ich schlecht geschlafen, mit wenig Appetit gefrühstückt und musste dann dennoch tagsüber meinen Mann stehen. Heute war dies ganz anders: Ich hatte gut geschlafen, ausgiebig gefrühstückt und sah dem Tag völlig entspannt entgegen. Zumal es sich schon am Morgen zeigte, dass es wiederum ein sehr schöner Sommertag werden sollte.

Als allererstes hatte ich jedoch eine andere Aufgabe zu erledigen. Vielleicht erinnern Sie sich: Bereits am zweiten

Wandertag waren meine Trekkingschuhe in der Mülltonne gelandet. Nun war die Tour überschaubar und das Gebirge in nicht mehr allzu weiter Ferne. Dort wäre das weitere Wandern in Joggingschuhen geradezu fahrlässig gewesen. Also machte ich mich auf die Suche nach einem Sportgeschäft. Nicht weit weg vom Hotel gelegen wurde ich fündig. So kurz nach Ladenöffnung war ich der einzige Kunde im Geschäft. Der Verkäufer widmete mir seine ganze Aufmerksamkeit und ausreichend Zeit. Wir einigten uns schließlich nicht auf den modernsten oder schönsten, sondern auf den Schuh in dem ich am bequemsten stand. Da eine dosierte Einlaufphase nicht möglich war, schien mir dies die geeignetste Lösung zu sein. Der praktische Einsatz an den folgenden Tagen bestätigte dann auch, dass ich richtig entschieden hatte.

Und dann ging`s los! Neu besohlt mit einer alten Aufgabe: den richtigen Weg stadtauswärts finden. Es klappte prima und ich fand auch schnell wieder auf den HW 4. Zunächst führte er untertunnelt durch die B 467 direkt in den Tettnanger Wald. Ein wunderschöner Stadtwald. Es war während meiner ganzen bisherigen Wanderung die erste größere Waldfläche, in der ich nicht alleine unterwegs war. Im Gegenteil: Es herrschte rege Betriebsamkeit, ohne dass mich dies gestört hätte. Der Morgen war so schön, dass es zahlreiche Jogger und Spaziergänger dort hinauszog. Die gute Schönwetterstimmung war allen an den Gesichtern abzulesen; und ein zusätzlicher Motivationsschub für mich. Trotzdem musste ich inmitten des Waldes und schon nach kurzer Zeit den HW 4 verlassen. Diesmal endgültig. Ich wählte eine Abzweigung in Richtung der Gemeinde Gießenbrücke. Wie der Name sagt führt dort eine Brücke über den Fluss Argen. Jetzt war das nähere Einzugsgebiet zum Bodensee unverkennbar: Ich sah gut ausgebaute Fahrradwege und jede Menge Radler. Hinter der Gießenbrücke hatte ich dann noch einmal die Chance auf einen schönen Wanderweg zu wechseln; bis auf Weiteres war ich letztmalig in trauter Einsamkeit unterwegs.

Ehemaliges Schloss Gießen

Vorbei am ehemaligen Schloss Gießen marschierte ich über Heiligenhof, Haltmeierhof und Betznau in Richtung der Gemeinde Berg. Mittlerweile allerdings wieder auf einem gut ausgebauten und genutzten Fahrradweg. Und dennoch kam ich auf meine Kosten: Es war eine wunderschöne, sanft-hügelige Landschaft mit gepflegten Obstanlagen. Äpfel- und Birnenbäume, aber auch Brombeer- und Himbeersträucher in großzügigem Anbau wechselten sich ab. Mit dem Überqueren der B 31, beziehungsweise E 54 war es dann allerdings endgültig mit der Idylle vorbei. In der Nähe dieser Straße herrschte ein geschäftiges Treiben;

auf der Straße selbst dichter und lauter Verkehr. Gewissermaßen ein „Unruhezustand", wie ich ihn seit Tagen nicht mehr erlebt hatte. Aber schließlich war ich ja nun in der Bodenseemetropole angelangt. Die gute Infrastruktur mit Industrie und Tourismus kostet halt ihren Preis.

Auf einer schönen Grünanlage in dem netten Ort Mittelmühle machte ich Halt. Ich besetzte eine der wenigen freien Bänke und stärkte mich mit meinem Pausenbrot und Wasser. Parallel wurde ich durch spielende Kinder bestens unterhalten. Vielleicht weckten sie auch den Spieltrieb in mir. Jedenfalls kam ich, wie sich später herausstellen sollte, auf eine nicht so tolle Idee: Nachdem ich seit Tagen mein GPS-Gerät nicht mehr genutzt hatte, war dies quasi die letzte Chance für einen Praxistest. Der nächste und letzte Wandertag in Deutschland (von Wasserburg nach Bregenz) war so eindeutig, dass ich ihn auch mit verbundenen Augen gefunden hätte. Und für die weitere Route in Österreich hatte ich keine Kartensoftware. Also stellte ich auf meinem GPS-Gerät mein Tagesziel „Wasserburg" ein. Nachdem mir dies die Straße meines Hotels nicht anbot, wählte ich eine beliebige Straße. Schließlich war der Ort ja klein und demnach die Wege kurz. Ein verhängnisvoller Fehler. Das GPS-Gerät war auf Wasserburg am Inn programmiert. Ich folgte völlig falschen Anweisungen. Es dauerte ein Weilchen bis ich bemerkte, dass hier etwas nicht stimmen konnte. An einem schattigen Plätzchen mit besserer Lesbarkeit des Displays wurde mir schließlich klar, dass ich das falsche Wasserburg auf dem Radar hatte. Wasserburg am Inn im Oberbayerischen Landkreis Rosenheim. Eine Stadt mit über 12000 Einwohnern und überhaupt nicht zu vergleichen mit dem kleinen Bodenseeörtchen. Die Kartensoftware des GPS-Gerätes hatte dieses nette Fleckchen Erden glatt vergessen. Ich fand das gar nicht so lustig, denn mittlerweile war es sehr heiß geworden und der eingeschlagene Weg bot wenig schattenspendende Abschnitte. Also schnelle Kurskorrektur.

Über Retterschen und Hege gelang ich schließlich wieder auf den richtigen Pfad. Eine letzte Straßenüberquerung und bald hatte ich Wasserburg von einer Anhöhe aus wunderschön im Blick. Besonders gut zu erkennen: Der Turm der katholischen Kirche St. Georg, dahinter der hellblaue See gespickt mit kleineren Booten und weißen Segeln. Auf der anderen Seite des Sees ragten die Schweizer Berge majestätisch über das Wasser. Ein gigantischer Anblick, gerade auch an einem so schönen und klaren Sommertag. Ich war überwältigt und erhöhte meine Schrittgeschwindigkeit in Richtung Zentrum des Ortes. Noch vor dem Ortseingang – bei steilerem Blick zum Himmel – entdeckte ich eine weitere Attraktion: Ein Zeppelin schwebte direkt über mir. Was für ein schöner Willkommensgruß. Seit 1993 werden in der von Wasserburg aus nahe liegender Zeppelin-Stadt Friedrichshafen wieder Luftschiffe gebaut. Und von dort aus werden auch Flüge angeboten: „Ein ruhiges, sanftes Schweben über dem See, den Städten am Bodensee und entlang der Alpen. Ein Landschaftsgenuss aus der Vogelperspektive", so steht es im Prospekt der Veranstalter. Das wäre doch auch mal was für mich, dachte ich noch.

Doch zunächst stand ja das freudige Ereignis mit dem Erreichen des Bodensees an. Und ausnahmsweise die Übernachtung in einem komfortablen Hotel, direkt am Wasser gelegen. Am Bodensee war Hauptsaison und kein einziges anderes Haus hatte mir im Vorfeld ein Zimmer für eine Übernachtung anbieten können. Vielleicht hatte ich es mir aber auch einfach nach zehn Wandertagen so verdient. So bezog ich gut gelaunt mein „Luxuszimmer" und speiste anschließend auf der Terrasse des Hotels. Mit schönem Blick auf den See versteht sich. Beim anschließenden Verdauungsspaziergang kamen gar mediterrane Gefühle in mir auf. Die ganze Atmosphäre erinnerte mich an Urlaube und laue Nächte in Spanien: An der Promenade flanierten vergnügt die Touristen, aus den Gartenlokalitäten hörte man gut gelaunte Stimmen, auf den Grünflächen spielten vergnügt Kinder, im Wasser bewegten sich sanft und im Rhythmus des Windes, die kleinen, dort vor Anker gelegenen Segelboote.

Wasserburg am Bodensee

Ja, dieses Wasserburg hat schon ein ganz besonderes Flair. Ich kannte es auch von früheren Kurzaufenthalten: Es liegt ausgesprochen idyllisch auf einer Halbinsel, hat ein historisches Schloss mit Schlossgarten, in dem Jahrhunderte lang adlige Geschlechter herrschten. Seit Anfang des 19. Jahrhunderts ist es in privatem Besitz – heute ist es ein Hotel in stilvollem Ambiente. Historisch geprägt sind auch das Museum im Malhaus und die katholische Seekirche St. Georg. Ich schloss meinen Abendspaziergang direkt an der Promenade ab und genoss zusammen mit vielen anderen Menschen einen traumhaften Sonnenuntergang. Wasserburg gehört zum Landkreis Lindau, also hatte ich den sechsten Landkreis und weil Lindau zu Bayern gehört, das zweite Bundesland erreicht. So gesehen auch Zweidrittel meiner gesamten Wanderschaft. Und der folgende Tag sollte mein letzter in deutschen Landen sein. Doch zunächst möchte ich den schönen zehnten Wandertag resümieren.

Resümee und Highlights des zehnten Wandertages:

Die auf dem Papier geplante kurze Tagesroute (ungefähr 16 Kilometer) verlängerte ich unfreiwillig selbst. Daraus lernte ich: Nie blind der Technik vertrauen – immer selbst mitdenken! Außerdem wurde bestätigt: Dort, wo es besonders schön ist, zieht es auch besonders viele Menschen hin. Wenn sich der Bodensee dann allerdings in einem solchen Wetter präsentiert, ist er ein Urlaubsparadies schlechthin.

Ernährungsbewusstsein

Die großen und zahlreich vorgefundenen Obstanlagen am Bodensee waren für mich beeindruckend. Ich sah insbesondere Apfelbäume: kleine, erntefreundliche Bäume, angeordnet in Reih und Glied – und alle prallvoll mit Früchten. Das sah nach professionellem und sehr ertragreichem Obstbau aus. Doch was ist der Preis für die wunderschönen Äpfel, die in so großen Mengen unter anderem am Bodensee geerntet werden? Ich meine damit nicht den Verkaufspreis, sondern mit welchen Mitteln sie erzeugt wurden. Schon vor Jahren erzählte mir ein Geschäftsfreund vom Bodensee über die Spritzpraktiken in den Anlagen. Er wäre privat bewusst etwas ins Hinterland gezogen, um seinen Kindern dies nicht zumuten zu müssen. Natürlich ist dies nur ein Beispiel der „Effizienzsteigerung" für landwirtschaftliche Erzeugnisse:

Was auf Feld und Wiesen gespritzt wird, widerfährt im Stall dem Vieh durch Kraftfutter und Medikamente +++ „Turbokühe" bringen es auf bis zu 50 Liter Milch am Tag +++ In der industriell optimierten Landwirtschaft bleibt die artgerechte Tierhaltung auf der Strecke +++ Die Fleischindustrie beschert den Tieren mitunter eine qualvolle Schlachtung +++ Die Arbeiter dort werden kärglich entlohnt +++ Auf unseren Feldern erleben wir eine fortschreitende Monokultur zum Maisanbau +++ Die Nutzung: weg vom klassischen Futtermittel hin zur Energiegewinnung.

Was jedoch sind die Ursachen für solche Effizienz steigernden Entwicklungen? Wir können es drehen und wenden wie wir wollen, aber irgendwo nimmt alles bei uns, also dem Verbraucher, seinen Ursprung. Wir fordern: Angebotsvielfalt und „optische Frische" – fast rund um die Uhr und zum günstigsten Preis. Die Deutschen geben anteilig von ihrem Einkommen im europäischen Vergleich am wenigsten für Lebensmittel aus. Neunzig Prozent der Bevölkerung decken zumindest teilweise ihren Bedarf über die Discounter-Betriebe ab. Dadurch entstehen Zwänge in der gesamten Nahrungsmittelkette: Die Großbetriebsformen des Einzelhandels stehen im massiven Wettbewerb. Sie geben diesen Druck an die Erzeuger weiter; und darüber hinaus: an die Nahrungsmittel verarbeitenden und verpackenden Betriebe. Diese wiederum an die Hersteller der dafür erforderlichen Maschinen und Anlagen. So gesehen ein kostendrückender, Rendite sichernder Kreislauf mit vielen Beteiligten. Nur das Wichtigste, nämlich die Qualität unserer Lebensmittel, bleibt dabei bisweilen auf der Strecke. Egal, wie gut sie konserviert, wie schön sie verpackt und in welcher unendlichen Vielfalt wir sie im Handel vorfinden. Und auch die Erzeuger scheinen in dieser gesamten Wertschöpfungskette zu den Verlierern zu zählen. Egal zu welchen ertragssteigernden Mitteln sie greifen, von dem, was im Laden auf dem Preisschild steht, bekommen sie am wenigsten ab.

Ernährungsbewusstsein – meine persönlichen Gedanken und Anstöße für Veränderungen:

Im Grunde fängt alles mit dem Grund und Boden an. In den vergangenen Jahrzehnten wurden auch fruchtbarste Böden zugunsten der Industrialisierung geopfert. Dies wiederum bedeutet Import von Nahrungsmitteln und große Abhängigkeiten. Ein nicht ganz ungefährliches

Unterfangen, denn im Gegensatz zu den Rohstoffen, wie Erdöl und Gas, könnten wir hier viel autarker agieren. Gerade auch weil es immer mehr Menschen gibt, die auf biologischen Anbau, artgerechte Tierhaltung und eine gesundheitsbewusstere Ernährung Wert legen. Sie wünschen „echte Frische" und einen direkten Bezug von lokalen und regionalen Anbietern. Sie verzichten auf die grenzenlose Angebotsvielfalt im Handel, der ständig „frischen Bereithaltung" dort mit dem Effekt, dass täglich tonnenweise Lebensmittel weggeworfen werden müssen. Geht die Entwicklung zu einer alternativen, direkten Beschaffung von „Qualitätslebensmitteln" so weiter, wird sich auch das Angebot der dafür erforderlichen Verpackungen ändern. Werbe- und Wegwerfpackungen werden zugunsten neuer Behältnisse mit „Mehrwegnutzung" weichen müssen. Ganz nebenbei leisten solche Veränderungen einen wichtigen Umweltbeitrag. Genauso wie ein verstärkter Bezug und Verzehr von Gemüse, anstatt Fleisch.

Wir sollten die Wertigkeit unserer Lebensmittel deutlich höher einstufen; ideell und materiell. Wichtig erscheint mir aber auch, dass wir das Berufsbild der Erzeuger (bäuerliche Betriebe) in unserer Gesellschaft deutlich aufwerten. Es könnten auch mal Zeiten kommen, wo wir alle sie sehr dringend brauchen. Wo so manch anderes in den Hintergrund tritt und wir uns an dem elementar Wichtigsten orientieren müssen: nämlich an unseren Nahrungsmitteln. Landwirtschaftliche Betriebe dürfen nicht zur Melkkuh der Nation gemacht werden. Wir müssen sie unterstützen und darin bestärken biologisch und qualitativ einwandfreie Lebensmittel zu erzeugen. Für die wir dann hoffentlich auch bereit sind, etwas mehr zu bezah-

len. Die landwirtschaftlichen Betriebe möchte ich wiederum dazu ermutigen nach neuen, zusätzlichen Wegen der Direktvermarktung zu suchen und ihre Konzepte weiterzuentwickeln. Vielleicht gibt es ja neben dem Hof- und Marktverkauf noch ganz andere Ideen die Erzeuger und Verbraucher direkt und in einem viel höheren Maß zusammenbringen. Zum Wohle beider, wage ich mal zu prognostizieren. Und vielleicht auch um über dieses abschließende Zitat erst gar nicht groß nachdenken zu müssen:

„Was der Bauer nicht kennt, das frisst er nicht. Würde der Städter kennen, was er frisst, er würde umgehend Bauer werden." (Oliver Hassencamp)

Elfter Wandertag –
lang entlang am Bodensee

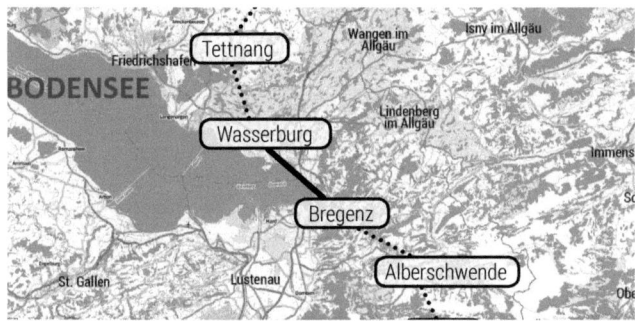

Nach meiner Hochstimmung vom „mediterranen Vorabend" kehrte an diesem Morgen alsbald große Ernüch-
terung ein. Was war passiert? Bei dem morgendlichen
Telefonat mit meiner Frau rückte sie stückweise damit
heraus, dass meine 88-jährige Mutter gestürzt wäre. Zwar
ohne ernsthafte Verletzungen, sie würde jedoch vor allem
unter den Folgen eines Schocks leiden. Schock vor allem
deshalb, weil der Sturz mitten in der Nacht passiert war,
sie im Haus allein lebt und ohne Hilfe zunächst minutenlang am Boden lag. Ich musste erst mal richtig durchat-
men. Dann erinnerte ich mich an den Satz eines Kunden,
der mir schon vor über 30 Jahren sagte: „Der liebe Gott
sorgt schon dafür, dass es niemandem zu wohl wird!" Wie
wahr, wie wahr.

Ich überlegte kurz und rief dann gleich meinen Bruder an,
der mir als Arzt bestätigte, dass unsere Mutter nicht ernst-
haft verletzt wäre. Sie würde „nur" über Rückenschmerzen klagen. Das Hauptproblem wären jedoch die psychi-

schen Nachwirkungen, die sich in Form von Resignation und Hilflosigkeit äußern würden. Er hätte sie deshalb für ein paar Tage zu sich nach Hause genommen. Auch diese Informationen machten mich sehr betroffen. Hatte ich doch erst wenige Tage zuvor mit meiner Mutter noch telefoniert. Und da war noch alles in bester Ordnung gewesen. Sollte ich nun meine Wanderung, auf die ich mich so sehr gefreut und die ich von so langer Hand vorbereitet hatte, abbrechen? Sowohl meine Frau, als auch mein Bruder machten mir Mut dies nicht zu tun, sondern alles nach Plan fortzusetzen. Ich ließ mich davon überzeugen; wenngleich mit einem etwas mulmigem Gefühl im Bauch. Und so richtig frei bekam ich den Kopf den ganzen Tag nicht mehr. Auch an den Folgetagen verfolgte mich der Vorfall. Bei all meinen telefonischen Kontakten nach Hause fragte ich zwangsläufig erst mal nach dem Gesundheitszustand meiner Mutter. Also so ganz unbeschwert, wie an den ersten zehn Tagen, war ich nun nicht mehr unterwegs.

Ich startete den zehnten Wandertag auf einem kombinierten Wander-/Fahrradweg. Dieser führte teilweise direkt, jedoch immer in unmittelbarer Nähe des Sees entlang. Passend zu meiner Stimmung war auch das Wetter. Kein Regen oder Schlechtwetter, aber schon früh am Morgen schwül-warm. Erst jetzt wusste ich die sehr angenehmen Temperaturen meiner ersten Wanderwoche so richtig zu schätzen. Über die Gemeinden Reutenen und Degelstein erreichte ich rasch Bad Schachen. Ein Tipp: Von Bad Schachen führt via Schiff ein direkter „Wasserweg" zu den Bregenzer Festspielen. Vor ein paar Jahren hatten wir diese kurze Schifffahrt und den sehr angenehmen Einstieg zu den Festspielen genossen. Von Bad Schachen ist es auch nicht mehr weit nach Lindau. Eine der Metropolen am Bodensee schlechthin. War ich schon von dem Fahrrad-tourismus zwischen Wasserburg und Lindau ein wenig verdutzt, erlebte ich nun mein blaues Wunder. Von dem nahenden „Volksfest" hörte ich zunächst nur die Blas-musik. Als ich jedoch noch ein paar Meter weiter ging, nahm ich sie auch optisch wahr, die große Festgemeinde. Unter Zelten und Sonnenschirmen unweit des Wassers sa-ßen zahlreiche Menschen auf Bierbänken. Und sie sangen: „ein Prosit, ein Prosit, ein …" Die Stimmung an diesem Mittwoch-Vormittag schien ausgezeichnet gewesen zu sein.

Vielleicht war ja alles für mich nach den vielen Tagen der Einsamkeit nur etwas ungewohnt. Auf der Insel Lindaus, mit seiner historischen Altstadt, bestätigte sich dann das starke touristische Treiben. Es wuselte nur so von Men-schen. Aber Lindau, die große Kreisstadt am Dreiländer-eck „Deutschland/Österreich/Schweiz" hat natürlich auch einiges zu bieten: Neben dem Bodensee mit seinen Schiff-fahrt-Angeboten und der legendären Hafeneinfahrt mit bayerischem Löwen und weißem Leuchtturm locken rei-zende Gassen und Plätze. Mittlerweile hatte ich es auch akzeptiert, dass dieses vielseitige und stimmungsvolle Urlaubsambiente zwangsläufig viele Menschen anzieht. Ich ging auf der Hafenpromenade ein Stück weiter und entdeckte den Mangturm. Der quadratische Turm wurde schon zum Ende des 12. Jahrhunderts errichtet und diente als Leuchtturm. Gleichzeitig war er der Endpunkt der ehe-maligen Stadtmauer. Auf einen anderen Turm, der auch Teil der Stadtmauer ist, stieß ich am westlichen Ende der Altstadt. Es war der Diebturm. Er ist durch vier filigrane

Ecktürmchen bekrönt, wurde wohl im späteren Mittelalter erbaut und diente auch viele Jahre als Gefängnis. Nicht entgehen lassen konnte ich mir natürlich das alte Rathaus. Ein glanzvolles Haus aus der ersten Hälfte des 15. Jahrhunderts mit wundervollen Malereien an der Fassade.

Das alte Rathaus von Lindau

Die Liste schöner Baulichkeiten ließe sich sicherlich noch lange fortsetzen. Und auch die Kunst-, Kultur- und Unterhaltungsangebote von Lindau bestätigen die Anziehungskraft der Urlaubsstadt am Bodensee. Sie bietet weit mehr als nur „Schlechtwetter-Alternativen".

Von Schlechtwetter war während meines Besuchs von Lindau ohnehin nichts zu spüren. Im Gegenteil: Die Sonne brannte vom Himmel und die Temperaturen stiegen von Stunde zu Stunde. Ich verließ den Inselteil und marschierte im „Landbereich" von Lindau durch eine kleine, parkartige Anlage. Auf einer Beschilderung las ich erstmals „Bregenz" und die Anzeige 8,9 Kilometer. Der nun folgende Weg war deutlich weniger frequentiert als auf dem Abschnitt vor Lindau. Über die Gemeinde Zech und vorbei an Lochau hatte ich Bregenz schon bald im Blick. Die Strecke dorthin schien mir nicht mehr allzu weit zu sein. Doch der Schein trog. Zudem verlief der gut ausgebaute Fahrradweg ohne schützende Bäume in der prallen Sonne. Erstmals hätte ich gerne mit den Fahrradfahrern getauscht. Etwas Fahrtwind und deutlich schnelleres Vorankommen hätte ich mir nur allzu gerne gewünscht. So aber kam ich nur schrittweise voran. Ziemlich geschafft erreichte ich schließlich doch noch Bregenz.

Zielgerichtet steuerte ich auf eine Gartenwirtschaft samt schattenspendenden Bäumen und Sonnenschirmen zu. Sie lag unweit des Sees und der Festspielanlage. Der schöne Platz und ein erfrischendes Getränk taten mir richtig gut. Allerdings belohnte ich mich an diesem Tag mit dem Erreichen meines Ziels nicht mit einem kleinen Bierchen. Auch dies sagt etwas über meine Verfassung nach dem anstrengenden Marsch aus. Nach einer knappen Stunde fühlte ich mich jedoch wieder deutlich besser und bekam richtig Lust auf die Seebühne und das faszinierende Bühnenbild für Umberto Giordanos Oper „André Chénier". Ich setzte mich in eine der hinteren Reihen und genoss den fantastischen Blick auf die Arena und den See. Dabei schweiften meine Gedanken rund um die Stadt und all ihre Sehenswürdigkeiten. Ich hatte sie ja auch schon in der Vergangenheit immer mal wieder besucht.

Bühnenbild der Bregenzer Seebühne 2012

Bregenz ist die Landeshauptstadt des österreichischen Bundeslandes Vorarlberg und hat den bedeutendsten österreichischen Bodenseehafen. Heute begnügte ich mich mit der Besichtigung des Hafens und der weltbekannten, zirka 7000 Zuschauer fassenden Seebühne. Auch das mit dazu gehörende Festspielhaus streifte ich nach meinem etwas längeren Aufenthalt auf der Zuschauertribüne der Seebühne.

Das Festspielhaus wurde vor knapp zehn Jahren aufwendig umgebaut und hat sich angeblich zu einem der modernsten Kongress- und Veranstaltungszentren der Welt gemausert. Viele weitere Attraktionen ließ ich nur gedanklich Revue passieren. Auch den Hausberg Pfänder, über tausend Meter hoch gelegen und per Panoramaseilbahn bequem zu erreichen. Dabei erinnerte ich mich auch an meinen ersten Wandertag und die abendliche Begegnung mit den zwei älteren Damen im Gasthof. Die beiden Geschwister hatten ja geradezu von diesem Ausflugsziel und der einzigartigen Aussicht in die ganze Region geschwärmt.

Bei all der Träumerei auf den Rängen der Bregenzer Seebühne hätte ich fast nicht bemerkt, dass das Wetter zu kippen drohte. Gewitterwolken zogen auf, die sich nicht nur optisch, sondern auch akustisch bemerkbar machten. Nun musste ich mich etwas sputen, schließlich lag mein gebuchtes Quartier genau auf der anderen Seite der Stadt. Ich hatte keinen Stadtplan, sondern nur eine grobe Beschreibung von zu Hause mitgebracht. Die Angaben waren so ungenau, dass ich fremde Hilfe in Anspruch nehmen musste. Wegen des herannahenden Gewitters begegneten mir allerdings kaum noch Passanten. Schließlich stieß ich doch noch auf eine Fußgängerin, die ortskundig war und mir weiterhelfen konnte. Ich marschierte entlang einer Hauptverkehrsstraße, vorbei an Geschäftsvierteln und Wohngebieten. Hier hatte Bregenz allerdings ein etwas anderes Gesicht, als vorne an der Seepromenade und der sich anschließenden Altstadt. Die teilweise auch größeren Wohn- und Geschäftsgebäude wirkten auf mich eher nüchtern und kühl. Von der Hauptstraße fand ich schließlich auch die richtige Abzweigung in eine Nebenstraße und den direkten Weg zu meinem Quartier. Es war ein Gästehaus.

Zu meiner Verwunderung war die Eingangstür verriegelt; und auch weit und breit kein weiterer Gast zu sehen. Ich erinnerte mich: Der Inhaber hatte bei meinem ersten Reservierungsversuch doch irgendwas von ausgebucht gesagt; es wäre Festspielzeit und ich soll es doch am besten in einer Jugendherberge probieren; erst bei meinem zweiten Versuch fand er dann doch noch ein Zimmer für mich. Und nun das. Ich lief rund um das Haus und fand schließlich eine Nachricht auf einem Zettel vor. Von einem Verwandten war die Rede, der in der Nachbarschaft wohnen würde; dort könnte ich die Schlüssel abholen. Noch bevor ich versuchte mich neu zu orientieren, nahte ein Fahrradfahrer. Nun kam der Chef doch selbst vorbei und überbrachte mir die Schlüssel. Bei dieser Gelegenheit erzählte er mir auch, dass er sein im Haus betriebenes Café und Restaurant nicht mehr geöffnet hätte. Von diesem Dauerstress hätte er sich losgesagt und würde mittlerweile in seinem Leben andere Prioritäten setzen. Also im Rentenalter schien er mir noch nicht gewesen zu sein. Trotzdem konnte ich dieses Bekennen für einen anderen Lebensstil durchaus nachvollziehen. Zudem machte er mir einen äußerst motivierten Eindruck und gab mir dann am nächsten Morgen beim Frühstück noch weitere Details seiner neuen Lebensphilosophie preis. Nachdem ich allerdings auch das Abendessen in seinem Haus eingeplant hatte, brauchte ich nun noch seinen Rat für eine geeignete Alternative. In einem Mischgebiet aus Wohn- und Geschäftshäusern, sowohl kleiner Industriebetriebe war dies gar nicht so einfach. So konnte er mir auch nur eine Empfehlung aussprechen.

Mit viel Glück fand ich das kleine italienische Lokal, das er mir genannt hatte. Neben mir hatte es an jenem Abend zwei weitere Gäste. Vielleicht lag das am Wetter. Wobei das drohende Gewitter und der große Regen ausblieben; überraschender Weise verzogen sich die dunklen Wolken und so konnte ich meine Pizza sogar im Garten des Lokals genießen. Zu diesem Zeitpunkt war mir bereits klar, dass es ein großer Fehler war, Bregenz ohne Stadtplan aufzusuchen. Denn am nächsten Tag musste ich ja wieder aus der Stadt herausfinden und den Aufstieg in Richtung Bregenzerwald meistern. Ohne große Hoffnungen und dennoch der Not gehorchend, fragte ich beim Bezahlen den Ober, ob er so etwas Ähnliches wie einen Stadtplan von Bregenz hätte. Und siehe da, er konnte mir helfen. Er besorgte mir einen einfachen Flyer; auf der Vorderseite mit Werbung für das Restaurant, auf der Rückseite war er jedoch mit einem einfachen Stadtplan bedruckt. Die wichtigsten Straßen waren darauf gut zu erkennen. Also zum Tagesabschluss noch mal ein richtiges Erfolgserlebnis. Ein Tag, der ungewöhnlich anfing, an dem ich aber nach einem gut 17 Kilometer langen Marsch ganz stolz unser Nachbarland Österreich erreichte.

Resümee und Highlights des elften Wandertages:

Der Weg führte mich lang entlang der Metropolen von Lindau und Bregenz; unter vielen Menschen, was zugegeben etwas ungewohnt für mich war. Und dennoch hatte es auch seinen Reiz, so nahe am Wasser zu gehen und die bunten Ferien- und Freizeitaktivitäten zu beobachten. Aber, es war auch ein Tag, der mit einer schlechten Nachricht begann. Der Unfall meiner Mutter ging mir jedenfalls nicht mehr aus dem Kopf.

Globalisierungsängste

Ich berichtete von meinem Verweilen in den hinteren Reihen der Bregenzer Seebühne und dem gedanklichen Ausflug in die Stadt. Bei all dem sind mir die zahlreichen Mitbesucher der Bühne nicht entgangen. Wohlgemerkt zur Tageszeit und nicht bei einer abendlichen Vorstellung. Es waren interessierte Menschen aus aller Welt. Ein buntes Treiben unterschiedlichster Nationalitäten und allen Alters; einfach schön anzuschauen. Vielleicht ein bisschen vergleichbar mit einer internationalen Sportveranstaltung oder auch einem Weltkirchentag mit völkerverbindendem Charakter. Grenz- und auch Kontinent übergreifendes Reisen ist ein Ausdruck unserer Freiheit. Andere Kulturen kennenzulernen bereichert unser Leben und erweitert unseren Horizont. Soweit also nur positiv für all unsere privaten Interessen.

Welche Auswirkungen hat jedoch die Globalisierung im Bereich unseres Arbeitslebens, also der Entwicklung und Produktion von Gütern, des Angebotes von Dienstleistungen, sowie dem internationalen Austausch von Waren und Leistungen? Ist diese Welt, gleichwohl der deutschen Außenhandelserfolge, human und in dieser Ausprägung langfristig zielführend? Ich wage es zu bezweifeln und habe versucht ein paar Fakten zu den „Nebenwirkungen" der Globalisierung zusammenzutragen.

Mensch und Arbeitsleben: Arbeit steht unter dem Primat „immer effektiver und produktiver" +++ Wirtschaft und Politik propagieren: Die Schnellen werden die Langsamen schlagen +++ Arbeitsplatz-Export und -Abbau sind ein

Dauerthema +++ Verbleibende Beschäftigungen werden immer intensiver, zeitlich länger und psychisch belastender +++ Weltweite Arbeitsauktionen über Internet-Plattformen sind auf dem Vormarsch +++ In der IT-Branche gar schon Standard +++ Die Kernbelegschaften in den Firmen dort schrumpfen +++ Der Erfolgsdruck der Volkswirtschaften ist groß, deshalb ist Wirtschaftsspionage an der Tagesordnung +++ Firmen-Investoren sehen primär die Renditen für Anteilseigner – Arbeitsplätze werden sinnlos geopfert +++ Internationale Finanzmärkte: Es wird spekuliert, aber auch manipuliert.

Soziales und Umwelt: Es wächst die Angst, dass sich die Schere zwischen Arm und Reich in der Welt weiter öffnet +++ Die Devise lautet Anpassung an die westliche Welt oder Abgrenzung +++ Wir karren Ware kreuz und quer durch die Welt +++ Die Logistikbranche mit Transporten auf Straßen, Schienen, zu Wasser und in der Luft boomt +++ Der dabei verursachte Schadstoffausstoß ist beträchtlich +++ Wir partizipieren vom nachhaltigen Aufschwung in China; das gigantische Produktionsaufkommen dort löst jedoch permanent Smogalarm aus +++ Südasien: Firmen produzieren zu Menschen unwürdigen Bedingungen – insbesondere die Textilindustrie +++ Wir zählen mit zu den größten Abnehmern.

Dürfen wir diese Realitäten einfach außer Acht lassen? Ich meine nein. Dabei steht die Notwendigkeit eines globalen Waren- und Leistungsaustausches nicht zur Diskussion. Nur über offene Volkswirtschaften können wir unsere Bedürfnisse befriedigen. Sei es der Bezug oder Austausch von Rohstoffen (bei uns nicht vorhanden), Gebrauchs- und

Investitionsgütern, Nahrungsmitteln (wo zwingend not-
wendig) oder auch der Zugriff auf vorhandenes landes-
spezifisches Know-how auf ganz anderen Gebieten. Die
Frage ist nur, wie groß ist das Maß des volkswirtschaftlich
Notwendigen. Und die Frage ist auch, ob nicht mittlerwei-
le der Kostenfaktor Mensch und der Profit ganz im Vor-
dergrund stehen – egal wo und wie weltweit eingefahren.
Auch verhärtet sich bei mir der Eindruck, dass nicht nur
die Schnellen die Langsamen schlagen, sondern die auf der
Welt am „verrücktesten Tickenden" den Takt für die an-
deren Länder vorgeben. Auch deutsche Stärken wie gute
Mentalität, strukturiertes Arbeiten und individuelle Geni-
alität stehen dabei auf dem Prüfstand. Die daraus erzielte
hohe Innovationskraft wird insbesondere von Ländern
asiatischer Staaten mit zeitlichem Mehreinsatz, großem
Erfolgshunger und ausgeprägter Kollektivarbeit seiner
Mitarbeiter gekontert.

Natürlich bleibt die Frage nach einer möglichen Regu-
lierung der globalen Märkte offen. Und ich habe, ganz
ehrlich gesagt, für diese schwierige Thematik auch keine
Antworten. Die Überschrift „Gedanken und Anstöße"
muss ich mir deshalb für dieses Kapitel sparen. Es wäre
geradezu vermessen, die nachfolgenden Tatsachen zu ig-
norieren: Den Volkswirtschaften, die weltweit Rohstoffe
oder hochwertige und hochpreisige Produkte in größerem
Stil verkaufen können, geht es gut. Länder, die preisgüns-
tige Massenprodukte erzeugen, geht es hingegen deutlich
schlechter. Dort jedoch, wo der Außenhandel quasi gegen
null tendiert, ist der Lebensstandard zumeist miserabel.

Vielleicht können wir ja trotz allem versuchen unsere In-

landsnachfrage zu stärken und für ein ausgewogeneres Verhältnis mit weniger Abhängigkeiten von Export und Import zu sorgen. Im noch folgenden Kapitel „Wertschöpfung" versuche ich dazu ein paar Gedanken beizusteuern. Wie bereits dargestellt hat unsere „offene Welt" nicht nur Verlierer unter Völkern und Menschen. Vor allem auch unsere Umwelt leidet darunter. Einige Empfehlungen hierzu konnte ich in den vorhergegangenen Kapiteln bereits aussprechen: für Länder, Kommunen, Industrie, aber auch für jeden Einzelnen von uns. Im aktuellen Kapitel „Globalisierung" geht es mir nicht darum, Ängste zu schüren, sondern ein bisschen für die Problematiken zu sensibilisieren. Mit einem abschließenden Beispiel eines ausländischen Investors hier in Deutschland möchte ich dies noch einmal verdeutlichen:

Ein Bekannter von mir arbeitet in einem der zu diesem Investor gehörenden Unternehmen als Elektronik-Ingenieur. Es handelt sich um ein mittelständisches, ehemals schwäbisches Technologie-Unternehmen, das sich dynamisch entwickelt und selbst in den Krisenjahren 2008/2009 schwarze Zahlen schrieb. Nicht genug für das gesteckte Ziel und den Profit seiner Aktionäre. Um die Ergebnisse zu verbessern wurden kurzerhand Mitarbeiter entlassen. Für mich ein absolut negatives Beispiel des globalen Business. Eine praktizierte Kultur, die Unternehmens- und vor allem menschenunwürdig ist.

Auch wenn ich keine passenden Lösungen für die negativen Begleiterscheinungen unserer global agierenden Welt parat habe, möchte ich doch für dieses abschließende Zitat ein wenig werben:

„*Wir haben die Pflicht, stets die Folgen unserer Handlungen zu bedenken.*" *(Mahatma Gandhi)*

Zwölfter Wandertag –
von nun an geht's bergauf

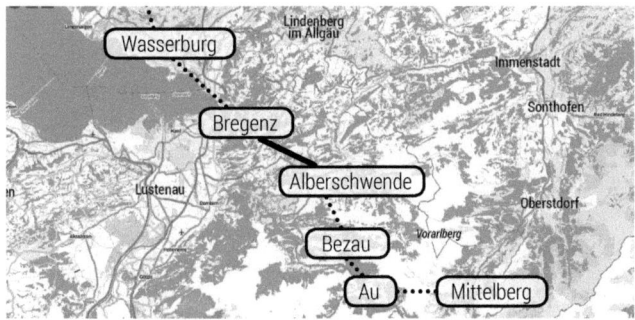

Ich hatte richtig gut geschlafen und mein erster Blick aus dem zweiten Stock des Gästehauses stimmte mich zuversichtlich. Das Wetter hatte sich stabilisiert, es zeichnete sich ein weiterer schöner Sommertag ab. So fiel mir die Entscheidung „Frühstück draußen oder drinnen" nicht schwer. Ich ging durch den Gasthausteil des Hauses direkt auf die schön angelegte Terrasse im Grünen. Jetzt sah ich auch weitere Gäste. Mit dabei ein österreichisches Ehepaar um die Fünfzig. Eine gut gekleidete Dame und ihr Ehemann, der fast so breit wie hoch war. Und das Frühstück schmeckte ihm. Als ich kam, war er schon eifrig dabei und als ich mit dem Frühstück abschloss, war er immer noch zugange. Aus dem Gespräch des Paares mit dem Gästehaus-Besitzer entnahm ich, dass sie sich auf einer Rundreise per Auto befanden. Kurze Besichtigungen waren vorgesehen, allerdings hatte die Reise keinerlei Bestandteile eines „Aktivurlaubs". Das passt ja wunderbar, dachte ich mir noch: Das reichhaltige Frühstück stabilisiert das „Ladegewicht" des Fahrers. Eine Verbrennung findet ausschließlich im Motor des Fahrzeugs statt. Mein bescheideneres Frühstück war jedenfalls ausreichend, um gut gestärkt und guten Mutes meine Tour zu Fuß fortzusetzen.

Ausgestattet mit dem einfachen, aber leicht verständlichen Stadtplan fand ich bequem aus der Stadt heraus. Es ging leicht bergauf. Alsbald überquerte ich ein erstes Mal die Bregenzerach, den wichtigsten Fluss im Nordteil des Bundeslandes Vorarlberg. Er entspringt in 2400 Meter Höhe oberhalb von Schröcken im Lechquellengebirge. Die Bregenzerach fließt etwa 80 Kilometer lang und mündet schließlich zwischen Bregenz und der Marktgemeinde Hard in den Bodensee. Im Laufe der nächsten Tage sollte ich noch des Öfteren mit ihr Bekanntschaft machen. Nach Bregenz erreichte ich zunächst die Gemeinde Lauterach, überquerte dann die A 14 und gelangte schließlich entlang der Straße, aber immer auf gut ausgebautem Fußgängerstreifen, nach Wolfurt. Dort beschaffte ich mir in einem Sparmarkt meine Tagesration an Essen und Trinken. Vor dem Markt verstaute ich es in den Außentaschen meines Rucksackes. Just in diesem Augenblick traf ich nach über 220 Kilometer Wanderschaft erstmals zwei wirklich Gleichgesinnte. Auch sie hatten „schweres Gepäck" dabei und hatten sich gerade in dem Laden mit Proviant versorgt. Natürlich kamen wir bei so vielen Gemeinsamkeiten gleich ins Gespräch. Es war ein junges Pärchen, eine Studentin und ein Student aus Konstanz. Ihr Ziel war Venedig. Also eine deutlich anspruchsvollere Tour als die meinige. Hinzu kam, dass sie auch noch ein Zelt zu schultern hatten. Sie hatten geplant ausschließlich auf Campingplätzen zu übernachten. Wir tauschten uns noch ein wenig aus und wünschten uns dann gegenseitig für die weitere Wanderschaft alles Gute. Die Begegnung mit ihnen tat mir richtig gut. Und dass sich dieses knapp 40 Jahre jüngere Paar etwas mehr als ich vorgenommen hatte, konnte ich auch ganz gut verkraften.

Bei mir ging die Route zunächst halbwegs eben weiter in Richtung der Gemeinde Schwarzach. Genau dort musste ich den Einstieg in die Höhen des Bregenzerwaldes finden. Es klappte auf Anhieb; der Weg war bestens ausgeschildert. Etwas schwerer fiel mir allerdings die Umstellung in das nun steil aufwärts führende Gelände. Zudem war es wieder hochsommerlich heiß geworden. Gott sei Dank folgten immer wieder auch bewaldete und damit schattenspendende Abschnitte. Diese und auch der leichte Wind brachten mir die sehnlichst herbeigewünschte Erfrischung. Auch legte ich auf dem noch ungewohnten Terrain ein paar Pausen mehr als sonst ein. Mein Körper gewöhnte sich schließlich an die neue Herausforderung des alpinen Aufstiegs. Je höher ich aufstieg, desto angenehmer wurde das Klima. Ich atmete tief durch und genoss die mir vertraute und von mir so sehr geliebte Bergluft. Es waren kleine Gemeinden, die ich auf diesem Weg passierte. Für die geographisch exakte Betrachtung und weil diese Gemeinden so schön waren, möchte ich sie Ihnen jedoch nicht vorenthalten und der Reihe nach aufzählen: Schwarzach, Linzenberg, Farnach, Zoll, Achrain, Schwarzen und schließlich Alberschwende. Alberschwende ist das eigentliche Eingangstor zum Bregenzerwald und mit über 3000 Einwohnern auch eine größere Kommune.

Auf dem Weg nach Alberschwende

Beim Lesen des Ortsschildes von Alberschwende fiel mir sofort eine wenige Wochen zuvor gelesene Geschichte über die Schwaben- oder Hütekinder ein. So bezeichnete man Bergbauernkinder aus Alpenregionen, die in früheren Jahrhunderten aus Armut alljährlich im Frühjahr nach Oberschwaben zogen, um dort als Arbeitskräfte für eine Saison an Bauern vermittelt zu werden. Ein Teil dieser zumeist fünf- bis vierzehnjährigen Kinder kam aus dem Vorarlberg. Ihr Weg führte unter beschwerlichen Umständen (mit schlechtem Schuhwerk und dürftiger Kleidung durch tiefen Schnee) direkt an Alberschwende vorbei in Richtung Bodensee und Oberschwaben. Also genau dorthin, wo ich herkam. Zum Glück haben sich die Zeiten geändert. Heute ist Alberschwende ein schöner Ort mit guter Infrastruktur. Das kam mir sehr entgegen, denn in seinem touristischen Umfeld gab es nette Gaststätten und Cafés. Ein altes, schindelverkleidetes Haus mit reizender

Gartenwirtschaft lud mich ganz besonders zum Verweilen ein. Und weil der restliche Weg meiner Tagestour überschaubar war und ich mich richtig gut fühlte, gönnte ich mir ausnahmsweise schon am frühen Nachmittag ein Bierchen. Der Aufenthalt in diesem Lokal lohnte sich für mich freilich nicht nur wegen der alkoholischen Erfrischung. Alsbald bekam ich eine geradezu komödiantische Darbietung mit drei „Schauspielern" geboten.

Die Hauptdarstellerin war eine mindestens 75-jährige Schweizerin, gekleidet im Stil der 60er-Jahre, fahrzeugmäßig jedoch ausgestattet mit einem Cabriolet der neueren Zeit. Sie parkte direkt vor der Gaststätte und betrat dann ausgestattet mit Gehstock – und dennoch etwas schwankend – die Gartenwirtschaft. Zielgerichtet ging sie auf zwei einheimische Männer zu. Mit frischer Stimme und sehr selbstbewusst fragte sie nach dem schnellsten Weg von Österreich zurück in die Schweiz. Die beiden Herren gaben sich alle Mühe. Als sie mit ihrem Vorschlag fertig waren, mussten sie die Wegbeschreibung noch zwei- bis dreimal wiederholen. Sichtlich genervt (nur die beiden Männer) schien die Konversation nun zum Ende zu kommen. Dann setzte die Schweizerin in ausgeprägtem Dialekt und immer noch voll motiviert nochmals ganz von vorne an: „Gibt es auch noch einen alternativen Weg, der vielleicht ein bisschen länger, dafür für mich einfacher zu finden und zu fahren ist?" Einer der beiden Männer hatte sich mittlerweile entnervt abgewandt. Der andere mobilisierte noch einmal seine ganzen Kräfte und machte tatsächlich einen Alternativvorschlag. Im Anschluss daran musste er mit der Dame noch über die Vor- und Nachteile der beiden Vorschläge diskutieren. Als der Dialog gar nicht mehr zu enden drohte, brach sie völlig überraschend mit diesen Worten das Gespräch ab: „Jetzt weiß ich auch nicht, wie ich fahren soll." Darauf folgte noch: „Trotzdem danke und Uf widerluege". Es war einfach köstlich, diese alpenländische Verständigung miterleben zu dürfen.

Glücklicherweise war mein weiterer Weg einfach und kaum zu verfehlen. Ziel war ein Vorort von Alberschwende, nur gut 20 Minuten entfernt. Nach einem kurzen „Spaziergang" erreichte ich den Gasthof. Er stand unweit der Straße und war mit einigen Fremdenzimmern ausgestattet. Die Nähe zur Straße war mir im Vorfeld bekannt. Völlig falsch eingeschätzt hatte ich hingegen die nächtliche Frequenz auf dieser Straße. Zudem musste ich in dem Zimmer, das sich direkt unterm Dach befand, wegen der schwül-warmen Sommernacht immer mal wieder das Fenster öffnen. All dies raubte mir meinen Schlaf. Keine einzige Nacht zuvor hatte ich so schlecht geschlafen. Rund um den Gasthof und während meines dortigen Aufenthalts, machte ich noch ein paar weitere interessante Beobachtungen:

So wie die Inhaber des Gasthauses waren auch das Gebäude und die Fremdenzimmer etwas in die Jahre gekommen. Zudem fehlte jegliches „Zusatzangebot", was der anspruchsvolle Tourist von heute mit erwartet. Die schwache Belegung bestätigte dies: Beim Abendessen war ich der einzige Gast und am anderen Morgen beim Frühstück stellte ich fest, dass lediglich noch eine dreiköpfige Familie in dem Haus übernachtet hatte. Völlig anders war dies in dem nur wenige Meter entfernt gelegenen Hotel. Es schien gut ausgelastet zu sein, obwohl es auch in unmittelbarer

Nähe zur Landstraße lag. Einzelheiten versuchte ich nicht in Erfahrung zu bringen. Es liegt jedoch die Vermutung nahe, dass es auch diesem Gasthaus mit Fremdenzimmern an einer geeigneten Nachfolge und damit an Perspektive fehlte. Eine Nachfolge, die ein Konzept hat, ein Ziel verfolgt und auch bereit ist, die dafür erforderlichen Investitionen zu tätigen. Außer dem schlechten Schlaf in der Nacht hatte ich allerdings während meines Aufenthalts dort nichts zu bemängeln und so konnte ich nach einem zirka 16 Kilometer langen Marsch wieder mal ein sehr positives Tagesfazit ziehen.

Typisches Bauernhaus im Bregenzerwald

Resümee und Highlights des zwölften Wandertages:

Der Kontrast vom mediterranen Bodensee und den in wenigen Stunden erreichten Tälern des Hochgebirges hätte nicht größer sein können. Und dennoch kam ich mit der neuen Herausforderung dank „angepassten Bergwanderns" gut zurecht. Es war auch ein Tag mit interessanten Begegnungen und Beobachtungen. Menschen verschiedensten Alters boten mir Anregendes und Unterhaltsames zugleich.

Vermarktungspraktiken

Ich berichtete über den offensichtlich nicht so erfolgreich geführten Gasthof, in dem ich in der letzten Nacht untergekommen war. Von einem unternehmerischem Konzept oder gar einer Vermarktungsstrategie war nichts zu sehen und nichts zu spüren. Es muss ja nicht immer gleich die ganz große Nummer sein. Doch ein bisschen Phantasie und Wille fordert der berufliche und geschäftliche Alltag allemal. Gerade auch um im Umfeld eines starken touristischen Wettbewerbs bestehen zu können.

Wie so oft stellt sich dennoch die Frage nach dem richtigen Maß. Ich möchte in der Bergwelt bleiben und über ein genau gegensätzliches Extrembeispiel berichten. Mit den dabei erhaltenen Insiderinformationen wurde mir das ganze Ausmaß des Wirtschaftsfaktors Fremdenverkehr erst so richtig bewusst: Die Region dort investierte massiv in Bahnen, Lifte, Schneekanonen und -Raupen. Letzteres sorgt für eine regelrechte Skifahrgarantie, egal welche Kapriolen das Wetter im Winter auch schlägt. Schon nach wenigen Jahren machten sich die Investitionen bezahlt und die beteiligten Touristenorte schrieben bessere Zahlen denn je. Doch um welchen Preis? Wir haben hier einen massiven Eingriff in die Natur, an den Wochenenden tummeln sich bis zu 10000 Skifahrer, aggressives Fahren auf engem Raum verursacht mitunter schwere Unfälle. Vorbei ist es mit der heilen Bergwelt, dafür gibt´s viel Spaß und Freude für alle Skiportbegeisterten. Die Vermarktung des Skigebietes erfolgt übrigens nach allen Regeln des modernen Marketings. Nicht zuletzt deshalb ist der Zuspruch so groß. Dennoch möchte ich den langfristigen Erfolg des

Konzepts in Frage stellen. Es gibt eindeutige Indizien dafür, dass durch die fortschreitende Erderwärmung in den meisten Alpenregionen bis in 30 Jahren kein Wintersport mehr möglich sein wird.

Kurzfristig und rein ergebnisorientiert gedacht wird auch in vielen anderen Bereichen unseres Lebens. Wir alle sind davon betroffen und stoßen bisweilen auf seltsame Vermarktungspraktiken:

Energie- und Kraftstoffversorger: Der Werdegang für die Preisfindung und die stark schwankenden Preise ist nicht mehr nachvollziehbar +++ Telefongesellschaften und Versicherungsanbieter: Neukunden bekommen bessere Konditionen als langjährige Altkunden, beziehungsweise werden diese nicht über vorteilhaftere neue Angebote informiert +++ Onlinehandel und Ladengeschäfte: Unser Klick- und Kaufverhalten wird registriert, verlockende Zusatzangebote generiert +++ Reaktion daraus: Ladengeschäfte werden über Smartphone und Video gesteuert mit ähnlichen Konzepten nachziehen müssen +++ Attraktive Finanzierungsangebote: Der Kauf „auf Pump" gehört zu unserem Alltag, allerdings auch die beängstigende Zahl der Privatverschuldungen und -insolvenzen +++ Herstellerbetriebe: Produkte werden zu „Kampfpreisen" im Handel platziert, beim erforderlichen Zusatz-/Ersatzbedarf wird jedoch richtig abgezockt (Beispiel: Druckerpatronen) +++ Pharmaindustrie: Neue Präparate werden in kostenaufwendigen Kampagnen am Markt eingeführt, obwohl deren Nutzen nicht ausreichend erforscht oder medizinisch überhaupt nicht vorhanden ist +++ Kliniken: Bisweilen steht nicht der Mensch, sondern der Ertrag im

Vordergrund +++ Eine der Auswirkungen: Es wird deutlich mehr operiert, als es medizinisch erforderlich wäre.

Die wirtschaftliche Optimierung einer Fachklinik bekam ich erst vor kurzem am eigenen Leib zu spüren. Ich wollte mich für eine erforderliche Untersuchung telefonisch anmelden: Zunächst meldete sich der Telefonautomat, um vorab mein Anliegen zu identifizieren und das Gespräch zu kanalisieren. Unter den fünf Basisfragen wurde auch ermittelt, ob ich gesetzlich oder privat versichert wäre. Schließlich war tatsächlich ein Mensch an der Strippe. Kurz angebunden und völlig emotionslos. Erstmals in meinen Leben bekam ich nun auch die Nachteile eines gesetzlich Versicherten zu spüren. Die genannte knapp drei-monatige Wartezeit für eine Erstuntersuchung akzeptierte ich nicht und wandte mich an eine andere Klinik. Das Geschehene stimmte mich dennoch sehr nachdenklich. Wenn schon die Terminierung der Patienten hoch automatisiert vonstattengeht, wie sieht es dann erst bei der Behandlung aus?

Vermarktungspraktiken – meine persönlichen Gedanken und Anstöße für Veränderungen:

Bei allem Zwang zur wirtschaftlichen Optimierung von Betrieben und Einrichtungen sollten diese über die menschlichen Bedürfnisse und auch Schwächen nicht ganz hinweggehen; einen achtsamen und fairen Umgang mit jedem Einzelnen pflegen, anstelle eines rein Profit orientierten Handelns mit dem Fokus auf das Ganze. Neben der Fairness geht es um die Beachtung der bereits nach dem sechsten Wandertag beschriebenen moralischen Werte. Und um den Anspruch des gegenseitigen Stiftens von

Nutzen, wie nach dem siebten Wandertag dargestellt. Zusätzlich ist ein Blick über den Tellerrand hinaus, also in unsere Zukunft, zwingend erforderlich.

Wir dürfen unsere Wertvorstellungen nicht grenzenlos strapazieren oder gar weiter nach unten abdriften lassen. Unser Wohlbefinden leidet darunter und macht das Leben nicht gerade lebenswerter. Deshalb appelliere ich auch an Unternehmen eingeschlagene Wege zu überdenken und sich service- und vor allem menschenorientierter zu verhalten. Vielleicht gibt es ja gerade dabei Chancen sich vom Wettbewerb positiv abzuheben. Mit nutzbringenden Nebeneffekten, wie beispielsweise der Sicherung von vorhandenen Kunden, die ihre Zufriedenheit weitererzählen und so zwangsläufig auch für neue Kunden sorgen. Mein abschließendes Zitat fällt zugegeben etwas hart aus. Vielleicht lohnt es sich trotzdem darüber nachzudenken.

„Eine Erde, auf der die Dornen die Blüten ersticken, ist nicht wert, bewohnt zu werden." (Khalil Gibran)

Dreizehnter Wandertag –
auf gefährlichem Pfad

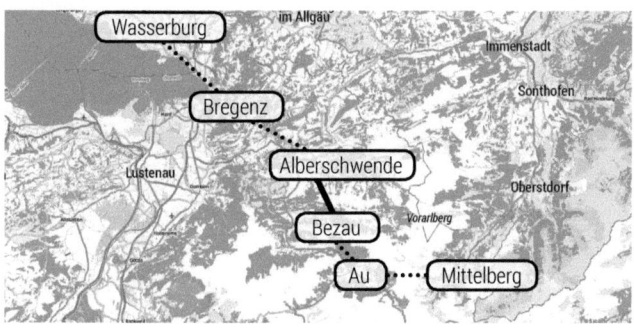

Es war Freitag und mein dreizehnter Wandertag. Hoffentlich kein schlechtes Omen. Also geschlafen hatte ich schon mal hundsmiserabel. Der nächtliche Autoverkehr in unmittelbarer Nähe zum Gasthof und die hochsommerlichen Temperaturen – ohne spürbare Abkühlung in der Nacht – ließen mich nicht zur Ruhe kommen. So machte ich mich trotz reichlichem Frühstück eher müde auf den Weg. Schon nach wenigen Schritten stellte ich fest, dass es wieder ein sehr heißer Tag werden sollte. Aber ich registrierte trotz meiner schlechten Verfassung auch, dass ich mich am Rande von Wiesen und Wäldern auf einem ausgesprochen schönen und panoramareichen Wanderweg befand. Der Bregenzerwald präsentierte sich mir mit seiner ganzen Pracht. Über die Vororte Tannen und Reute von Alberschwende führte die Route in Richtung Müselbach. Apropos Reute: In Deutschland und Österreich scheint es eine ganz Menge davon zu geben. Jedenfalls begegnete mir auf meiner Wanderschaft eine Vielzahl dieser Ortsbezeichnungen. Teilweise mit t (Reute), teilweise auch mit th (Reuthe) geschrieben. Zurück zu Müselbach, das ich zwischenzeitlich erreicht hatte. Genau dort suchte ich den Einstieg für den weiteren Kurs direkt am größten Fluss des Tales, an der Bregenzerach entlang. Zunächst vergebens; vielleicht war ich auch durch eine völlig überraschend auftauchende Menschengruppe etwas abgelenkt. Es war ein Pilgerzug mit schätzungsweise 150 Personen. Sie wanderten im Gänsemarsch und sichtbar diszipliniert am Rande der Landstraße. Ein männlicher Teilnehmer trug voller Stolz den Pilgerstab. Schade, dass ich in diesem Augenblick nicht geistesgegenwärtig genug war, um die Gruppe zu fragen, woher sie kam und wohin sie wollte. Ich fühlte mich an diesem Vormittag einfach nicht fit.

In diesem Zustand bereitete mir auch die etwas irreführende Wegführung rund um Müselbach reichlich Kopfzerbrechen. Immer noch vergebens suchte ich einen Einstieg zum Wanderweg am Fluss entlang. Schließlich fand ich ihn weit außerhalb der Ortschaft doch noch; er führte linksseitig flussaufwärts. Oberhalb des Flussbettes war das Gelände stark bewaldet und führte steil in die Höhe. So zeigte sich mir die Landschaft nicht nur wildromantisch, sondern spendete mir auch wohltuenden Schatten. Ich genoss es und marschierte nun deutlich entspannter weiter. Der starke Steinbeschlag des Weges und auch im Flussbett hätte mich allerdings stutzig machen müssen. Ich schien immer noch nicht mit voller Konzentration bei der Sache zu sein. So brauchte es einen im wahrsten Sinne des Wortes „plakativen Wachmacher", der bei mir dann endlich eine Wirkung hinterließ: Ich hatte eine Absperrung zu passieren, an deren Vorderseite, also für die entgegengesetzte Laufrichtung, ein Verbotsschild mit der Aufschrift „Durchgang verboten Lebensgefahr" befestigt war. Hoppla, hatte ich da etwas übersehen? Ich kam ins Grübeln und konnte nun wachgerüttelt durch dieses Schild auf einmal geistig wieder viel schneller kombinieren: Die Wegführung bei Müselbach war deshalb so irreführend für mich gewesen, weil dort der Zugang zur Bregenzerach gar nicht ausgeschildert war. Hätte ich den Weg zum Fluss dennoch gefunden, wäre ich dort garantiert auf dasselbe Warnschild gestoßen. Durch meinen Quereinstieg hatte ich jedoch das Schild umgangen.

Der nun vor mir liegende Abschnitt entlang des Wassers war mit Warnschildern nur so bepflastert. Ein Zurück gab es nun freilich nicht mehr und für einen „Querausstieg" fand ich keine Beschilderung. Also bewegte ich mich fortan hellwach und ziemlich zügig entlang des Flusses in Richtung der Gemeinde Egg. Kurz vor Egg sah ich dann – wiederum für die umgekehrte Streckenführung beschriftet – ein weiteres Schild mit eindeutigem Hinweis: „Wegen akuter Steinschlaggefahr bis auf Widerruf gesperrt". Glück gehabt, denn nun befand ich mich ja unweit der Gemeinde Egg wieder auf sicherem Terrain. Zeit um durchzuatmen und erst mal eine Trink- und Verschnaufpause einzulegen.

Eine knappe halbe Stunde später rappelte ich mich wieder auf und hatte nun zu entscheiden: Suche ich den Wanderweg oder nehme ich einfach den nächsten Weg entlang der Straße bis zum Ort Andelsbach? Da ich auf meiner bisherigen Tagesroute etwas indisponiert war, entschied ich mich für den nächsten und damit schnellsten Weg. Die Strecke verlief direkt an der Landstraße entlang; jedoch absolut gefahrenlos für mich. Ich trottete auf einem gut ausgebauten Fußgängerweg, entlang der rechten Straßenseite.

Um die Mittagszeit erreichte ich die Gemeinde Andelsbach; trotz bisherigem Stress etwas hungrig. Also suchte ich nach einer Metzgerei und ließ mir dort zwei Brötchen mit frischer Wurst belegen. Jetzt brauchte ich nur noch ein schattiges Plätzchen zur Verköstigung. Lange musste ich mich nicht bemühen. In unmittelbarer Nähe zur Landstraße stand eine große, weit ausladende Linde mit perfektem Sonnenschutz. Rund um den Stamm war weiträumig eine Holzbank befestigt. Dieser wunderschöne Ort bot Platz für mehrere Menschen. Einige hatten sich vor mir auch dort schon eingefunden.

Und es schien, als ob sie ihn ganz gezielt für ihre Mittagspause aufgesucht hätten: Handwerker, Auto-Reisende, LKW-Fahrer, Radfahrer und auch Schüler. Ein buntes Völkchen sichtbar zufriedener Menschen. Sie alle genossen nicht nur ihr „Pausenbrot", sondern das angenehme Klima unter dem dichten und sonnenschützenden „Grün" der Linde. Auch der größte Sonnenschirm hätte wohl kaum einen vergleichbaren Effekt erzielen können. Weil das Erlebnis unter der Linde so bewegend für mich war und der Baum auch bei uns weit verbreitet ist, habe ich mich später etwas schlau über ihn gemacht. Unter anderem las ich: „Ein mütterliches, warmes Wesen stellt die Linde dar. Sie breitet ihre Arme weit aus, um den Menschen in ihrem Schoß aufzunehmen. Die Linde ist ein Symbolbaum für Herzlichkeit, Geborgenheit und Nestwärme. Mit diesen Charaktereigenschaften hat sie seit frühester

Zeit die Sympathie der Menschen erobert."

Nach einer knappen Stunde in dieser wohltuenden Atmosphäre und dem Verzehr meiner leckeren Brötchen fühlte ich mich besser als am gesamten Vormittag. Neu motiviert und gut gestärkt setzte ich meinen Marsch fort. Vorbei an einer Mühle und dem Stausee von Bezegg ging es nun steil bergauf. Meine zwischenzeitlich deutlich verbesserte körperliche und auch mentale Verfassung half mir diesen Abschnitt einigermaßen gut zu bewältigen. Dennoch hatte ich die Dauer des Anstiegs etwas unterschätzt. Glücklicherweise verlief der schöne Wanderweg weitgehend unter schattenspendender Bewaldung. Mit der Bezegg Gedenkstätte hatte ich den höchsten Punkt erreicht. Von nun an ging es angenehm bergab. Mein Tagesziel Bezau war in greifbarer und alsbald auch sichtbarer Nähe. Eine wunderschön gelegene Gemeinde, eingebettet in einer sanften, harmonischen und stark bewaldeten Bergwelt. Bezau liegt 650 Meter über dem Meeresspiegel und hat 1975 Dorfbewohner. Flächenmäßig gehört die Marktgemeinde jedoch zu den größten im Bregenzerwald. Zugleich ist Bezau zu allen Jahreszeiten ein attraktiver Ort für Sport- und Erholungssuchende.

Blick auf die Marktgemeinde Bezau

Mitten im Ort und unweit der Kirche lag der Gasthof, in dem ich mein Zimmer reserviert hatte. Bei meiner Ankunft herrschte in der Gartenwirtschaft schon reichlich Betrieb. Ich bezog mein Zimmer, wollte mich dann jedoch nicht gleich unter die Gäste mischen, sondern zunächst den kleinen Ort auskundschaften. Schon charakteristisch für die Gemeinden im Bregenzerwald sah ich die Kirche mit direkt angeschlossenem Friedhof. Was ich jedoch eher zufällig entdeckte war völlig untypisch für einen Touristenort: ein Haus der Caritas für Flüchtlinge und Migranten. Etliche von ihnen hielten sich im Garten auf. Es waren ausschließlich Frauen und Kinder. Ich sprach eine ältere Dame an, die mich nicht verstand, aber eine jüngere Frau hinzuzog. Sie war der deutschen Sprache ein wenig mächtig und so konnte ich mich auch kurz mit ihr unterhalten. Als ich mich verabschiedete hörte ich im Hintergrund und in gebrochenem Deutsch noch etwas Geflüster unter den Frauen. Meine Gesprächspartnerin berichtete von einem

Interview mit einem deutschen Journalisten. Das war es nun wirklich nicht, dennoch empfand ich die für mich gewonnenen Informationen als sehr bereichernd. Vor allem wurde mir bewusst, wie vergleichsweise gut es mir ging. Voller Dankbarkeit genoss ich deshalb im Anschluss mein Abendessen in der Gartenwirtschaft des Gasthofes. Und auch den schönen Sommerabend, obwohl es sehr schwül war.

Waren dies schon Vorboten für eine in der Nacht anstehende Wende der lang anhaltenden Gutwetterperiode? Gewitterwolken zogen auf. Ich blickte durch das Dachfenster meines Zimmers und sah ein beängstigendes Bild am Himmel. Auch akustisch ließ dies durch den stürmischen Wind und leichtes Donnergeröll nichts Gutes erahnen.

Der Bregenzerwald tobt

Doch der Schein trog, jedenfalls brachte die Nacht nicht das große Gewitter und auch keinen starken Regen. So konnte ich meinen spannenden 13. Wandertag nochmals kurz Revue passieren lassen.

Resümee und Highlights des dreizehnten Wandertages:

Ich ging müde los und es wurde prompt gefährlich. Und dennoch genoss ich den wildromantischen Abschnitt entlang der Bregenzerach. Es war mein intensivster Kontakt mit dem bedeutenden Gebirgsfluss. Ein besonderes Erlebnis war auch die Mittagspause unter der Linde und unter Menschen. Was uns die Natur anbietet, ist immer noch das Wohltuendste. Und das Wetter? Es hielt, was aber bringt es zum „großen Finale" mit den beiden letzten Touren meiner Wanderschaft?

Wertschöpfung

Mein schönstes Erlebnis des 13. Wandertages war der Platz unter der Linde und die gemeinsame Mittagspause mit den dort anwesenden Menschen. Sie alle machten auf mich einen sehr zufriedenen Eindruck. Nicht nur wegen dem schönen, schattenspendenden Plätzchen und der dort genossenen Brotzeit. Nein, sie schienen auch deshalb glücklich, weil sie einer Arbeit nachgekommen sind und nach der wohlverdienten Pause sich auch dieser wieder widmen konnten. Einer Aufgabe, einer Herausforderung, einer Anstrengung, die – wie wir von Prof. von Cube gelernt haben – der Mensch so dringend braucht. Arbeit, etwas zu tun und es kontinuierlich zu tun, ist für den Menschen elementar wichtig. Es kommt gleich nach dem Dach überm Kopf und ausreichendem Essen und Trinken. Die aktuelle Beschäftigungslage (Stand September 2014) der Menschen in unserem Lande ist durchaus zufriedenstellend. Dennoch werden die Wertschöpfungsprozesse permanent optimiert. „Effizienz steigern" heißt die Devise in nahezu allen Wirtschaftszweigen. Die Frage ist, welche Auswirkungen dies auf die Anzahl der benötigten Arbeitskräfte mittel- und langfristig haben wird. Auch werden wieder Jahre kommen, in denen die Wirtschaft weit weniger boomt, als derzeitig. Am Beispiel des produzierenden Gewerbes möchte ich die negativen Effekte auf die menschliche Wertschöpfung verdeutlichen:

Immer weniger Menschen produzieren immer mehr +++ Die Automatisierung hatte ihren Ursprung in der Notwendigkeit großen Bedarfsmengen nachzukommen +++ Positiver Nebeneffekt: Stupide und körperlich anstrengende

Arbeit für Menschen wurde deutlich reduziert +++ Forde-rung an die Herstellung heute: Permanente Effizienzstei-gerung und Kostenreduzierung +++ Die Produktion muss schneller und flexibler werden – der Automatisierungs-grad schreitet weiter voran +++ Neben der zur Verfügung stehenden „Hochtechnologie" wird abgewogen, an wel-chem Standort – weltweit gesehen – die günstigsten Rah-menbedingungen für die Fabrikation vorzufinden sind.

Bei all diesen kritischen Betrachtungen möchte ich mich dennoch eindeutig zur Industrienation Deutschland bekennen. Nationen, die bewusst oder unbewusst ein Deindustrialisieren betreiben, Entwicklungen falsch ein-geschätzt oder den technologischen Anschluss verpasst haben, leiden noch heute unter den negativen wirtschaft-lichen Folgen. Nicht zuletzt deshalb ist der Verzicht auf Industrie und Fortschritt in Deutschland ein absolutes Tabu. Die Frage ist nur, was wir produzieren, wie wir es produzieren und wie viel wir produzieren.

Wertschöpfung – meine persönlichen Gedanken und An-sätze für Veränderungen:

Die Bedeutung des produzierenden Gewerbes habe ich be-reits zum Ausdruck gebracht. Zahlreiche andere Zweige in Wirtschaft, Handel und Dienstleistung werden möglicher-weise dort wegfallende Arbeitsplätze nicht kompensieren können. Deshalb darf es bei der Herstellung von Produk-ten nicht unser Bestreben sein, Arbeitsplätze einzusparen, sondern sie vielleicht sogar auszubauen. Unser oberstes Gebot ist nun mal, alle Menschen in Arbeit zu bringen. Ungeachtet der zweifellos notwendigen Investitionen in Bildung und Ausbildung müssen wir auch berücksichti-

gen, dass es dabei nicht nur um begabte Techniker, Diplomingenieure und Physiker geht. Diese hoch qualifizierten Menschen prägen jedoch in zunehmendem Maße die immer leistungsfähigere vollautomatisierte Produktion; für die wirtschaftliche Fertigung von „Massenprodukten" sicherlich auch zukünftig erforderlich. Fakt ist aber auch, dass dafür immer weniger Menschen gebraucht werden.

Würde es uns in Anbetracht dieser Tatsachen nicht gut anstehen, nach alternativen Wegen Ausschau zu halten? Ich wage ein paar Visionen: Wir produzieren optional in kleineren Chargen und in teilautomatisierter Form Produkte, bei denen Qualität, elementarer Nutzen, Langlebig-, Reparaturfähig- und Umweltfreundlichkeit im Vordergrund stehen. Sozusagen Fortschritt (nicht unbedingt Wachstum) im Einklang mit Mensch und Natur. Dies erfordert die Kreation neuer, intelligenter Fertigungssysteme. Hier arbeiten Mensch und Maschine anspruchsvoll und in humaner Form zusammen. Nicht nur menschenverträglich, sondern vielleicht sogar menschenbekömmlich. Die erforderlichen körperlichen Bewegungen werden ihm gut tun und für einen gesunden Ausgleich zwischen Körper und Geist sorgen. Indes wird es die Konstrukteure für solche „teilautomatisierte Systeme" vor neue Herausforderungen stellen und zusätzliche Aufgabenfelder generieren. Und auch die Herstellung solcher Anlagen schafft zusätzliche Arbeitsplätze.

Zugegeben, es sind Visionen, vielleicht sogar Hirngespinste. Trotzdem sollten wir unsere Wertschöpfungsketten überprüfen und den Mut haben nach zusätzlichen Chancen zu suchen: Angefangen von der Idee neuer Produkte.

Keine billigen Massenartikel, die unsere Wegwerfgesell-
schaft unterstützen, sondern Erzeugnisse, die hohe Qua-
litätsmaßstäbe erfüllen. Und bei deren Erstellung der
Mensch unmittelbarer mitwirken kann – auch um dessen
ureigenes Bedürfnis zu erfüllen:

„Wir arbeiten nicht nur, um etwas zu produzieren, son-
dern auch, um der Zeit einen Wert zu geben." (Eugène
Delacroix)

Vierzehnter Wandertag –
dann kam der Regen

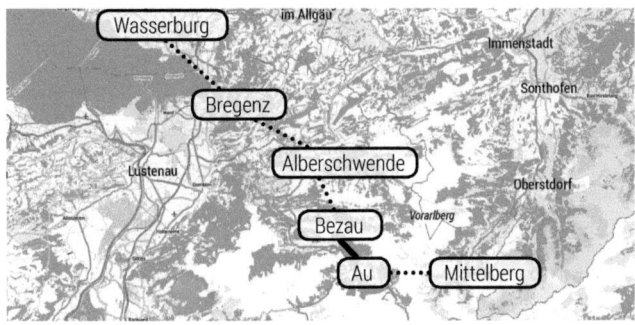

Auch in dem wunderschönen, schindelverkleideten Gasthof in Bezau konnte ich nicht besonders gut schlafen. Ursache dafür waren nicht etwa Geräusche aus dem Lokal oder von der am Haus vorbeiführenden Straße. Nein, die wiederum schwül-warme Nacht und die gewittrige Stimmung sorgten dafür, dass ich immer wieder aufwachte. Dennoch blieb der „große Regen" aus und die Luft kühlte auch nicht wirklich ab. Trotzdem machte ich mich am Morgen guten Mutes auf den Weg in den Frühstücksraum. Schließlich war das Ende meiner gesamten Wanderung in greifbarer Nähe. Mit zahlreichen weiteren Übernachtungsgästen frühstückte ich in geschmackvoll-rustikalem Ambiente. Wie schon am Vorabend fielen mir die vielen Gäste aus den Niederlanden auf. Auch Schweizern und Franzosen scheint es in der Region des Bregenzerwaldes gut zu gefallen. Zudem bekommen sie für ihr Geld vergleichsweise mehr geboten als in ihren Heimatländern. Hinzu gesellte sich auch noch ein ganzer „Familienclan" aus dem Schwäbischen. Wie ich heraushörte, ist der Gasthof in Bezau wohl alljährlicher Treffpunkt für gemeinsame Urlaubs-Aktivitäten. Tagsüber, abends und auch in der Nacht. Jedenfalls waren die Nachwehen des kräftigen Feierns von der zurückliegenden Nacht deutlich zu sehen und auch zu hören. Dennoch vernahm ich aus ihrer „Frühstücks-Unterhaltung" – teilweise mit krächzender Stimme – die euphorische Planung für den heutigen Samstag.

Mein Programm hingegen stand bereits fest: Es sollte die letzte Etappe werden vor der Bergfahrt auf den 2060 Meter hoch gelegenen Didamskopf. Zunächst musste ich jedoch die Talstation erreichen. Unweit von dort – in der Ortschaft Au – hatte ich davor noch eine letzte Übernachtung gebucht. Also machte ich mich auf den Weg. Ein erster Halt folgte bereits bei der Dorfmetzgerei von Bezau. Vor der Ladentheke standen mehrere einheimische Frauen. Sie redeten oder besser gesagt tratschten leidenschaftlich miteinander; inhaltlich weit über den erforderlichen Bestellvorgang von „Fleisch und Wurst" hinaus. So dauerte es ein bisschen. Aber ich genoss das Zuhören und den charmanten Vorarlberger Dialekt. Verstanden habe ich allerdings längst nicht alles. Anschließend wurde ich sehr freundlich bedient und mit exzellenter Ware (Schinken-Brötchen) versorgt. Jetzt aber los.

Das Wetter hatte sich beruhigt, vereinzelt blitzte sogar die Sonne wieder durch. Der erste Streckenabschnitt verlief eben. Ich genoss vom Tal aus einen schönen Rundumblick auf die Höhen des Bregenzerwaldes. Schon nach kurzer Zeit erreichte ich Reuthe. Wiedermal ein Reuthe – in diesem Falle mit th geschrieben. Von dort aus ging ich auf einem schönen Wanderpfad weiter in Richtung des Ortes Bizau. Zum ersten Mal setzte starker Regen ein. Also nutzte ich inmitten des Ortes die überdachte Bank an einer Bushaltestelle. Ich wartete bis der Regen nachließ. Vom Himmel schaute es allerdings weiterhin wenig vertrauensvoll aus; die dichten Wolken, begleitet durch gewittrige Töne, waren weder zu übersehen noch zu überhören. Ein Tatbestand, der die Planung meiner weiteren Wanderung beeinflusste: Anstatt den deutlich kürzeren Weg mit steilem Aufstieg durch Wald und Wiesen zu nehmen, wählte ich eine schmale Landstraße, die auch als Fahrradweg ausgewiesen war. Dass ich dies so entschied, war auch beeinflusst durch meine Karte, die auf dem Wanderweg „rot Gestricheltes" anzeigte und schwieriges Terrain erahnen ließ.

Völlig unterschätzt hatte ich allerdings, wie lang bergauf der Weg über die Landstraße verlief. Nach dem Ort Hütten ging es über Gschwendvorsäß schlangenlinienförmig ständig nach oben. Die Strecke hatte schon fast den Charakter eines Passes. Zudem war für mich durch den kurvig-engen Fahrweg nicht ersichtlich, wohin er denn genau führte und wann ich endlich den höchsten Punkt erreichen würde. Es war ein Geduldsspiel. Und der zwischenzeitlich wieder einsetzende leichte Regen war auch nicht gerade stimulierend. Vorbei am Berghaus Kanisfluh und dem Ort Schnepfegg (in 891 Meter Höhe) hatte ich den anstrengendsten Teil des Aufstieges endlich überstanden. Allerdings nicht den misslichsten Teil, was das Wetter anbetrifft. Auf dem nächsten Abschnitt zwischen den Gemeinden Schnepfegg und Schnepfau setzte massiver Regen ein. Schon nach kurzer Zeit war meine Kleidung völlig durchnässt. Erst in der Ortsmitte von Schnepfau, beim alten Schulhaus, fand ich im überdachten Eingangsbereich einen geeigneten Schutz: vor Regen, Wind und spürbar kühleren Temperaturen.

Ich nutzte die Zwangspause zum Tausch meiner nassen Kleidungsstücke gegen trockene. Dabei ließ ich die bisher bewältigte Strecke meiner Tagestour kurz Revue passieren: Landschaftlich gesehen war es im Grunde eine wunderschöne Etappe. Erstmals wurde mir so richtig bewusst, wie viel Glück ich wahrlich in den vergangenen 13 Tagen gehabt hatte. Fast immer hatte die Sonne geschienen. Und da sehen die Landschaften halt mit Abstand am schönsten aus und bieten dem Betrachter erst den vollen Genuss. Unter dem Schulhaus-Vordach gab es in diesem Augenblick wenig zu genießen. Es war mitten am Tag ziemlich dunkel geworden. Menschen begegneten mir gar nicht mehr und die wenigen Autos, die durch die Ortsmitte fuhren, hatten das Licht eingeschaltet.

Starker Regen bei der Kirche in Schnepfau

Bei diesem schlechten Wetter war an ein Weiterwandern nicht zu denken. Also verharrte ich unter dem geschützten Vordach und nutzte die unfreiwillige Pause für Essen und Trinken. Dies nahm nur wenig Zeit in Anspruch. Der starke Regen hielt jedoch an und es wurde immer kühler. Also praktizierte ich ein paar Leibesübungen: Ich streckte mich und reckte mich, damit mir wieder warm wurde. Keinesfalls wollte ich mir vor meinem letzten Wandertag noch eine Erkältung zuziehen.

Schließlich ließ der kräftige Regen doch noch nach, es hellte etwas auf und ich konnte bei leichtem Schauer meine Wanderung fortsetzen. Es war nur eine kurze Strecke bis zur Brücke. Dort überquerte ich die Bregenzerwald-Landstraße. Gleich rechts von der Straße floss die Bregenzerach, mit der ich nun ein letztes Mal Bekanntschaft machen sollte. Ein wunderschöner Pfad, gleichermaßen geeignet für Wanderer und Fahrradfahrer, ging direkt an ihr entlang. Begegnet ist mir dennoch kein Mensch, obwohl es zwischenzeitlich aufgehört hatte zu regnen. Die Luft war vollkommen gereinigt und roch wunderbar frisch. Auf dem schmalen, betonierten Weg traf ich dann doch noch ein paar Lebewesen. Kleine, graue Echsen mit besonders schleimig wirkender Hautoberfläche. Also einen Schönheitspreis hätten sie nicht gewonnen. Aber, es waren sehr viele und sie hinterließen so bei mir einen bleibenden Eindruck. Und sie ließen sich von meinem Vorbeiwandern in keiner Weise stören. Die Echsen verharrten allesamt wie versteinert auf ihrem Platz.

Neben bewaldeten Abschnitten folgten nun auch größere Wiesenflächen, die meinen Weg säumten. Mit der herrlichen Luft war es nun schlagartig vorbei, denn die Wiesen waren stark gedüngt, um nicht zu sagen überdüngt. Ein Phänomen, das mir auch in den letzten Tagen immer mal wieder begegnete. Zwischenzeitlich hatte es deutlich aufgehellt und ich marschierte voller Zuversicht in Richtung des Ortseingangs der Gemeinde Au.

Wetterbesserung am Ortseingang von Au

Nun begegneten mir auch wieder Menschen: Touristen und Einheimische. Nachdem der Ort keinen konzentrierten Kern hatte und sich lang entlang an der Bregenzerach zog, fragte ich doch lieber nach dem schnellsten Weg zu meinem gebuchten Gasthof. Und in der Tat hatte ich noch ein ganzes Stückchen entlang des Flusses zu gehen. Schließlich stand das Haus vor mir – unweit des Weges und des Flusses. Die Chefin begrüßte mich freundlich und zeigte mir mein Zimmer. Es war ein besonders schönes und gerade richtig, um vor dem anstrengenden letzten Wandertag in Hochalpine nochmals so richtig gut zu schlafen und Kraft zu tanken. Zunächst versorgte ich jedoch meine Wäsche. Die durchnässten Teile legte ich zum Trocknen über das ganze Zimmer verteilt aus. Danach ruhte ich mich vor dem Abendessen im Gasthof des kleineren Hotels noch ein wenig aus. Bevor ich mich schließlich auf den Weg runter in das Wirtshaus machte, ein letzter Blick aus dem Fenster: Es hatte sich wieder eingetrübt.

Etwas besorgt fragte ich nach dem Abendessen die Dame des Hauses nach der Wettervorhersage für den nächsten Tag. Es gäbe keine eindeutige Prognose und man müsse einfach abwarten, war ihre freundliche, aber bestimmte Antwort. Na ja, zuversichtlich stimmte mich dies nicht gerade und passte so zur etwas trüben Stimmung des ganzen Tages.

Resümee und Highlights des vierzehnten Wandertages:

Es war der erste Tag mit sehr schlechtem Wetter. Schade eigentlich, denn landschaftlich war alles drin: reizende kleine, von sattem Grün umgebene Alpendörfer, ein Bergaufstieg, der bei besserem Wetter sicherlich einen herrlichen Panoramarundblick geboten hätte und schließlich ein wunderschöner Pfad direkt am Wasser entlang. Bei gutem Wetter wäre ich bestimmt ins Schwärmen gekommen. So aber blieb die Hoffnung auf den nächsten, meinen letzten Tag.

Lebensglück

Nun, Glück hatte ich ja nicht gerade bei meinem letzten Wandertag. Dazu war das Wetter gelinde gesagt einfach zu bescheiden. Und dennoch sah ich am selben Tag auch glückliche Menschen. Am frühen Vormittag im Frühstücksraum des kleinen Hotels in Bezau hatte allerbeste Stimmung geherrscht. Und das, obwohl die aktuellen Wetteraussichten alles andere als rosig waren. Aber, es war Urlaub und die meisten Gäste hatten wohl schon ein paar schöne Tage erlebt oder sahen den noch folgenden optimistisch entgegen. Und vor allem scheint das Umfeld mit den sich bietenden Freizeitaktivitäten zu ihren Vorstellungen gepasst zu haben.

Egal ob bei Nah- oder Fernreisen, es ist schön, wenn ein Urlaub so entspannt genossen werden kann; wenn er die Menschen glücklich macht und sie gut erholt in den Alltag zurückkehren lässt. Wie sieht es jedoch mit unserem Lebensglück grundsätzlich aus? Nach den Ergebnissen einer Studie des Zukunftsforschers Klaus Kofler (ich berichtete bereits) gehören die Deutschen nicht gerade zu den glücklichsten Menschen auf der Welt. Die Gründe sind vielschichtig. Und selbst das Reisen ist keine Glücksgarantie:

Die Zufriedenheit und das Glück im beruflichen Alltag hält sich bei vielen Menschen in Grenzen +++ Sie leben von einem „Jahresurlaub" in den nächsten +++ „Vielreisende" können gewonnene Eindrücke kaum noch verarbeiten, das Erlebte bleibt nur schemenhaft in Erinnerung und macht sie deshalb nicht wirklich glücklich +++ Anstatt den Augenblick zu genießen wird bei vielen schönen

Momenten des Lebens fotografiert und dokumentiert +++
Hohe Standards und Wettbewerb in Freizeitaktivitäten
und im Vereinsleben artet in Stress aus +++ Die „kleinen
Glücksmomente" des Lebens werden nicht gesehen oder
nicht geschätzt +++ Wir beschenken uns und unsere Kinder viel zu viel +++ Die „großen Feste" (Weihnachten, Ge-
burtstage ...) sorgen bei Schenkern und Beschenkten für
mehr Frust als Lust +++ Familienverhältnisse sind zerrüt-
tet – Patchwork-Familien gestalten sich schwierig +++ Wir
geben unsere Kinder in Kindertagesstätten und verpassen
damit die schönsten Glücksmomente des Lebens.

Den letzten Punkt möchte ich gleich noch aufgreifen.
Auch wenn er sehr sensibel ist und mich durch meine In-
terpretation in die Ecke eines „Erzkonservativen" stellen
könnte: Über die garantierte Kindertagesbetreuung (Krippenplätze) versus Kinderbetreuungsgeld entfachte 2013
eine große politische Diskussion. Deren Ausgang, nämlich
einem eindeutigen Votum für die Krippenplätze, war nicht
überraschend. Über die zweifellos auch vorhandenen negativen Entwicklungen für Mutter und Kind wurde kaum
gesprochen. In meinem beruflichen und auch privaten
Umfeld habe ich es hautnah miterlebt, was es bedeutet,
wenn ein Kind krank wird oder es ihm einfach nicht gut
geht. Die Mutter leidet zwangsläufig mit, ist in ihrer beruflichen Leistungsfähigkeit stark eingeschränkt oder fällt
gar selbst aus. Das ist die natürlichste Sache der Welt,
denn die Liebe zum Kind hat nun mal Vorrang. So zu tun,
als ob die Krippenplätze ein Allheilmittel für die Existenz
von Familien, beziehungsweise berufliche Ausübung und
Entfaltung beider Elternteile wäre, ist schlichtweg am Leben vorbeigedacht.

Selbst die von uns so bewunderte Familienpolitik der Franzosen zeigt Grenzen der Sinnhaftigkeit. Auch wenn die durchschnittliche Geburtenrate dort bei über zwei Kindern pro Frau liegt. Im September 2013 war dazu in der Tageszeitung „Die Zeit" unter der Überschrift „Liebe auf Distanz" wie folgt zu lesen: „Die frühe staatliche Betreuung in Frankreich hat ihren Preis. Frauen fühlen sich zunehmend entfremdet von ihren Kindern." Unter anderem wird in dem Artikel auch über eine in Lyon lebende Architektin berichtet, die nach der Geburt ihres Sohnes immer berufstätig war, teilweise sogar in Vollzeit: „Damit entspricht sie ganz dem Bild der modernen, emanzipierten Französin, das in Deutschland nicht selten bewundert wird. In Frankreich aber lässt sich der Beginn einer Gegenbewegung erkennen. Immer mehr Frauen sträuben sich gegen den gesellschaftlichen Konsens, nach dem das Ansehen einer Frau steigt, wenn sie kurz nach Geburt ihres Kindes wieder beruflich einsteigt, es aber rapide sinkt, wenn eine Mutter entscheidet, mit ihrem Kind zu Hause zu bleiben – und sei es nur für ein oder zwei Jahre." Leider geht es nicht nur um das Ansehen der Frauen, sondern auch um ihre Gesundheit. Hierzu wird ein ebenfalls in Lyon lebender deutscher Kinderarzt wie folgt zitiert: „Viele Frauen schlingern am Rand der Erschöpfung entlang ..."

Ich habe mich ganz bewusst mit diesem Beispiel etwas ausführlicher beschäftigt. Schließlich sorgt das Mutter- und Vaterwerden mit für die größten Glücksmomente in unserem Leben. Und auch das Wohlbefinden unserer Kleinst- und Kleinkinder sollte uns vorrangig am Herzen liegen.

Für das Lebensglück gibt es kein Patentrezept. Ich wage dennoch den Versuch, ein paar Gedanken beizusteuern:

Fragt man die Menschen, was zum Wohlfühlen im 21. Jahrhundert unbedingt dazugehört, so wird an erster Stelle die Geborgenheit genannt. Geborgenheit steht mit für Sicherheit und Nestwärme. Sicherheit lässt sich nicht immer planen. Aber für die Nestwärme können wir alle etwas tun. Im Umfeld unserer Familie, von Freunden und auch am Arbeitsplatz. Indem wir uns für unsere Angehörigen, Vertrauten und Kollegen interessieren, ihnen zuhören, mit ehrlichem Rat und konkreter Hilfe zu Seite stehen. Strahlen wir selbst Nestwärme aus, ist die Chance groß, dass sie uns erwidert wird.

Lebensglück ist nach meiner Meinung auch durch ein reduziertes Anspruchsdenken und eine neue Form der Bescheidenheit positiv beeinflussbar. Was brauchen wir eigentlich zum Glücklichsein? Es lohnt sich darüber nachzudenken. Manchmal können wir es bei den Kleinkindern abschauen. Sie lassen hochwertiges Spielzeug in der Ecke stehen und erfreuen sich mit viel Phantasie an den einfachsten Dingen. Zum zweiten Geburtstag unserer kleinen Enkeltochter hatte ich dazu selbst ein ganz besonderes Erlebnis: Meine Frau und ich beschenkten sie mit einem kostbaren Holzbackofen. Wunderschön verpackt mit Schlaufe und Schnürchen. Obendrauf zusätzlich dekoriert mit einer kleinen, leeren Muschel. Unsere Enkeltochter ging freudenstrahlend auf das Paket zu, sah die kleine Muschel, entfernte sie vom Paket und begann sogleich sich mit ihr zu beschäftigen. Selbst nach dem Öffnen des Paketes und der Bewunderung des Holzbackofens verlangte sie immer wieder nach dieser kleinen Muschel.

Zum Lebensglück gehört auch, dass wir wieder lernen die kleinen Glücksmomente zu erkennen. Auch hierzu ein Beispiel: Vor vielen Jahren befand ich mich zusammen mit Kollegen auf einer zweieinhalb-tägigen Klausurtagung. Es war November, der Tagungsort in Flussnähe und es herrschte dichtester Nebel. Zweieinhalb Tage lang. Als wir jedoch das Meeting am Freitag um die Mittagszeit beendeten und durch die Ausgangstür des Gebäudes schritten, tat sich der Himmel auf und die Sonne strahlte uns entgegen. Für mich ein riesiges Glücksgefühl. Erstaunlicherweise hatten die meisten Kollegen diese positive Wetteränderung überhaupt nicht registriert.

Ich möchte dieses Kapitel schließen mit dem mir am wichtigsten erscheinenden Lebensglück und wünsche Ihnen bei der Suche nach demselben gutes Gelingen:

„Menschen zu finden, die mit uns fühlen und empfinden, ist wohl das schönste Glück auf Erden." (Carl Spitteler)

Fünfzehnter Wandertag –
Abbruch im Nebel

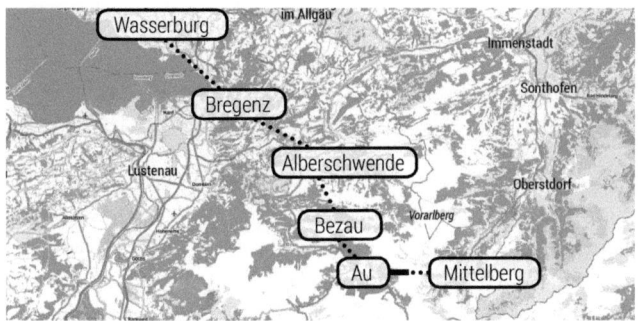

Heute stand das „große Finale" meiner Wanderschaft an. Nachdem ich zwei Nächte schlecht geschlafen hatte, fühlte ich mich nach der letzten Nacht ausgesprochen gut. Nur der „Naturwecker" funktionierte nicht so, wie ich es mir vorgestellt hatte. Anstelle morgendlicher Sonnenstrahlen durch das Fenster, hörte ich, dass es stark regnete. Na ja, dachte ich mir, besser es regnet jetzt, als in gut einundeinhalb Stunden zum Zeitpunkt meines geplanten Starts. Also begab ich mich recht gelassen in den Frühstücksraum. Meinem Gesichtsausdruck muss dennoch ein Stück weit Skepsis abzulesen gewesen sein, denn ganz unaufgefordert fand die Chefin des Hotels ein paar aufmunternde Worte für mich. Abschließend meinte sie, über das Wetter und die weiteren Aussichten – insbesondere oben in den Bergen – könnte ich mich am besten in der Talstation der Didamskopfbahn nochmals schlau machen.

Gesagt, getan! Ich verabschiedete mich und setze meinen Marsch entlang der Bregenzerach fort. Es war nur

213

ein kurzer Abschnitt bis zur Bergbahn. Noch vor dem Ort Schoppernau bog ich links ab zum Parkplatz der Didamskopfbahn. Dieser hatte zwar noch reichlich freie Kapazität, dennoch gab es auch einige parkende Autos und einen Bus. Zwischenzeitlich hatte es etwas aufgehellt und vor allem aufgehört zu regnen. Neue Zuversicht wuchs in mir. Wie empfohlen, erkundigte ich mich gleich bei einer „Bahnbediensteten" nach dem Wetter auf der Bergstation. Die Antwort: „Im Moment herrscht Nebel, der kann sich jedoch so um die Mittagszeit genauso gut wieder auflösen." Nichts unversucht lassen, dachte ich mir. Bloß nicht so kurz vor dem Ziel aufgeben. Ich löste ein Ticket für die Bergfahrt und kaufte mir auch noch einen einfachen Wanderstock aus Holz. Oben auf den Bergen würde ich ihn sicher gut gebrauchen können, für die ganze Tour im „Flachland" hingegen wäre er eher hinderlich gewesen.

Ich stieg in die Gondel und schwebte mit ihr nach oben. Natürlich nicht mit dem mir sonst gewohnten guten Gefühl samt Vorfreude auf den zu erwartenden Panoramablick. Nach unten ins Tal geschaut sah alles noch ganz gut aus, je mehr ich jedoch an Höhe gewann, desto dichter wurde der Nebel. Als ich schließlich die Bergstation erreichte, war fast gar nichts mehr zu sehen. So hatte ich mir das nicht vorgestellt. Etwas geschockt stieg ich aus der Gondel und sprach gleich den mir dabei behilflichen Mann der Bergbahn an. Erstaunlicherweise sprach er Deutsch mit holländischem Akzent. Den Holländern scheint es so gut in den Bergen zu gefallen, dass sie dort nicht nur Urlaub machen, sondern sogar arbeiten. Mir sollte es recht sein, denn er war ausgesprochen freundlich und trotz katastrophalem Wetter bester Laune. Allerdings machte er mir für mein Vorhaben wenig Mut. Er wäre kein ausgesprochener Kenner der Alpen, doch, so wie er die Dinge einschätze, würde sich der Nebel eher nicht auflösen. Ein Loswandern bei der derzeitigen Wetterlage bezeichnete er gar als lebensgefährlich. Na ja, dann Prost.

Ich verließ den „technischen Teil" der Bergbahn und gelangte zunächst in den Bereich der Gastronomie. Dort hörte ich dann tatsächlich das Wort „Prost". Nicht nur häufig ausgesprochen, sondern sogar gesungen. In dem Bergrestaurant wurde der sonntägliche Frühschoppen begleitet durch volkstümliche Musik ausgiebig gefeiert. Bedingt durch das schlechte Wetter gar besonders intensiv, denn keiner kam auf die Idee diesen geschützten Raum mit der freien Natur zu tauschen. Das Lokal war proppenvoll. Es wurde gesungen und gelacht. Danach war mir in diesem Augenblick allerdings überhaupt nicht zumute. Dennoch entschied ich, dort noch ein gutes Stündchen zu verweilen, um die Wetterentwicklung zwischen Zwölf- und Dreizehnuhr abzuwarten. Trotz „lustigem Unterhaltungsprogramm" kam mir diese Stunde wie eine halbe Ewigkeit vor. Schließlich verließ ich das Innere des Lokals und spazierte auf die große Außenterrasse. Ein frustrierender Anblick: Es war schon kurz vor eins, die ganze Bergwelt jedoch nach wie vor von dichtem Nebel eingehüllt.

Terrasse der Bergstation auf dem Didamskopf

Nur wenige Meter von der Terrasse entfernt sah ich dann die Beschilderung für meinen nächsten Wanderabschnitt, die Schwarzwasserhütte:

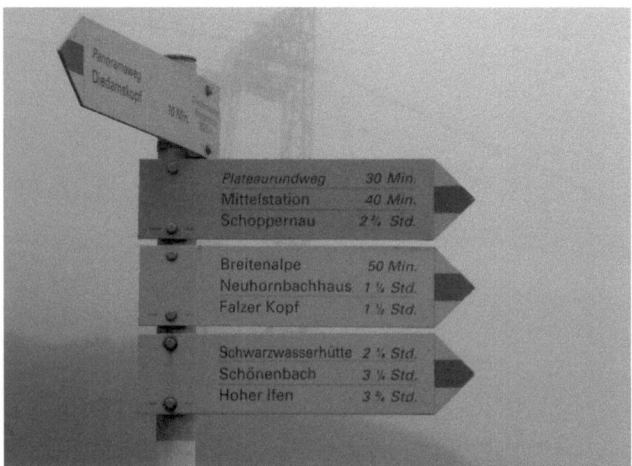

Schild unten zeigt: 2 ¼ Stunden bis zur Schwarzwasserhütte

Das gab es doch nicht: Mir fehlten also nur noch diese lächerlichen zwei Stunden. Denn von der Schwarzwasser-hütte wäre es für mich ein Leichtes gewesen über die Au-enhütte (Talstation Hoher Ifen) und Hirschegg das Ende meiner 15-tägigen Wandertour in Mittelberg zu erreichen. Diese Strecke war mir bestens vertraut und ich hätte sie auch bei dichtestem Nebel problemlos bewältigt. So aber musste ich den fünfzehnten Wandertag abbrechen. Die Frage war nur: Wird das Wetter am nächsten Tag besser und würde es sich lohnen, noch einmal zu übernachten? Also wandte ich mich an eine mir für diese Frage kom-petent erscheinende Person. Es war der Leiter des Res-taurantbetriebs, der ja reichlich Erfahrung haben musste, was das Wetter auf dem Berg anbelangte. Seine unmissver-ständliche Antwort war: „Das Wetter morgen wird sich wenig von dem heutigen unterscheiden!" In diesem Au-genblick entschied ich, die Wanderung abzubrechen und meinen Zielort – trotz aufwendigem Umweg – via Bus an-zusteuern. Aufwendig deshalb, weil ich im Bregenzerwald zunächst wieder Tal auswärts fahren musste, um schließ-lich über Deutschland und das Oberallgäu Mittelberg im Kleinwalsertal zu erreichen.

Doch der Reihe nach. Zunächst löste ich ein neues Ticket, um mit der Gondel bergabwärts fahren zu können. Vol-ler Zuversicht hatte ich ja wenige Stunden zuvor nur eine einfache Fahrt (Bergfahrt) gelöst. Bei der Abfahrt dann das umgekehrte Bild: Je näher das Tal nahte, desto besser wurde die Sicht. Von Gutwetter konnte freilich keine Rede sein. Es war noch früh am Nachmittag und jetzt schon in den Bus zu steigen hielt ich nicht für angebracht. Auch verspürte ich geradezu einen Drang mein Marschieren fortzusetzen. Kann auch das Wandern süchtig machen? Ein bisschen hatte ich schon das Gefühl und ging forschen Schrittes vorbei an meinem Hotel bis zum Ortsausgang der Gemeinde Au. Dort informierte ich mich an einer Bushaltestelle, wie ich aus dem Bregenzerwald am besten wieder herauskommen würde.

Bis unweit der deutschen Grenze waren die Busrouten eindeutig dargestellt. Auch musste ich nur wenige Minuten warten bis der erste Bus kam. Die Fahrt ging durch etliche mir bereits bekannte Ortschaften. Allerdings hatte ich sie viel schöner in Erinnerung, als sie an diesem nasskalten Sommertag durch das Fenster des Busses auf mich wirkten. In Egg, also ziemlich am Eingang zum Bregenzerwald, musste ich ein erstes Mal umsteigen. Der Anschlussbus stand schon bereit. Es folgte eine kurze Fahrt bis nach Hittisau. Dann hatte ich erst mal für eineinhalb Stunden Pause. Nachdem ich den Fahrplan dort nicht ganz verstanden hatte, kamen mir Zweifel, ob überhaupt noch ein Bus für mich käme.

Schließlich fuhr doch noch einer die Haltestelle an. Vorsichtshalber fragte ich den Fahrer, ob er über den Riedbergpass in Richtung Allgäu und Oberstdorf fahren würde. Er bestätigte die Strecke, sagte mir aber auch, dass dies für den ganzen Sonntagnachmittag die einzige Fahrt wäre. Glück gehabt. Ich setzte mich direkt neben den Fahrer, denn außer mir war niemand im Bus. So waren auch für die nächsten eineinviertel Stunden gute Unterhaltung angesagt: Der Busfahrer kam aus den neuen Bundesländern, sächselte ein wenig und war sehr gesprächig. Er erzählte mir seine ganze Lebensgeschichte und wie er schließlich in

Österreich als Busfahrer angeheuert hatte. Er besaß ausgesprochen gute Kenntnisse über Land und Leute, aber auch über die touristischen Highlights entlang der deutsch-österreichischen Grenze. Er sagte mir, dass er in einem kleinen Ort unweit von dort, wo ich in seinen Bus zugestiegen war, wohnen würde. Also noch auf österreichischer Seite. Über seine Wahlheimat wusste er nur Positives zu berichten: Wie gut er dort aufgenommen worden wäre und was für eine tolle Dorfgemeinschaft er angetroffen hätte. Er sprach voller Stolz über einen eigenen kleinen Dorfladen und dass selbstverständlich und solidarisch die Mehrzahl der Dorfbewohner dort auch einkaufen würde. Nicht nur den Notbedarf oder das, was sie im etwas entfernten größeren Geschäft vergessen hätten. Dies und seine weiteren Informationen zu einer unabhängigeren Gemeinschaft beeindruckten mich sehr. Beispielsweise würde man auch den Energiebedarf über Wasserkraft selbst abdecken. Ich kam ins Grübeln: Müsste es nicht unser aller Bestreben sein, mehr autark und weniger abhängig zu sein?

Zwischenzeitlich fuhren wir längst auf deutschem Gebiet, wo ich mich auch ganz gut auskannte. Schließlich kam ich seit mehr als dreißig Jahren in diese Gegend. Aber er erzählte mir die Dinge aus einer ganz anderen Warte. Zum Beispiel welche Leute im extravaganten Golfhotel Urlaub machen und wie einzigartig der Golfplatz liegen würde. Und welche außergewöhnlichen Events rund um Hotel und Golfplatz zusätzlich stattfinden würden. Es war für mich überaus interessant und unterhaltsam, ihm zuzuhören. Zudem bot sich mir aus der Frontscheibe des Busses eine völlig neue und wunderschöne Sicht in die mir vertraute Bergwelt. Die amüsante und mir viel kürzer erschei-

nende 75-minütige Busfahrt endete schließlich in Oberstdorf. Dort musste ich ein letztes Mal umsteigen und nach
einer guten Viertelstunde Fahrt erreichte ich mein Ziel –
Mittelberg im Kleinwalsertal.

Glückliche Ankunft im Kleinwalsertal

Auch wenn die letzte Teilstrecke meiner Wanderschaft
dem Nebel zum Opfer fiel, war es ein erhabenes Gefühl
genau an dem Ort angelangt zu sein, den ich 31 Jahre zuvor nur mit dem Auto erreicht hatte. Es erfüllte mich mit
Stolz und machte mich überglücklich quasi im Alleingang
in dem von mir so sehr geliebten Gebirgstal gesund angekommen zu sein. Entsprechend euphorisch berichtete ich
dann auch gleich telefonisch meiner Frau. Am nächsten
Tag reiste sie mir nach und wir verbrachten noch ein paar
schöne Tage.

Resümee und Highlights des fünfzehnten Wandertages:

Auch meinem letzten Tag der Wanderschaft konnte ich sehr viel Positives abgewinnen, auch wenn ich mehr gefahren als gegangen bin. Es waren die Begegnung mit dem Busfahrer und seine anregenden Informationen. Sie haben mich zu weiterführenden Gedanken geradezu inspiriert. Und eine wichtige Erkenntnis habe ich gewonnen: Die Natur, gerade in der Bergwelt, lässt sich nicht überlisten. Egal wie gut wir uns präparieren, sie zeigt uns unsere Grenzen auf.

Wendepunkt

Ich hatte an meinem letzten Wandertag über die länge-
re Busfahrt und das Gespräch mit dem Fahrer berichtet.
Seine Informationen über eine unabhängigere Dorfge-
meinschaft haben mich zum Nachdenken bewegt. Es ging
dabei um die Energie aus eigener Wasserkraft und den
gut angenommenen Dorfladen. Es ist davon auszugehen,
dass die dort offerierten Lebensmittel vor allem aus dem
regionalen Anbau stammen. Das österreichische Bundes-
land Vorarlberg nimmt hier eine Vorreiterrolle ein. Unter
dem Motto „regional und fair" wird eine ökonomisch
und ökologisch zukunftsfähige Landwirtschaft betrieben.
Es geht um die Eigenversorgung mit gesunden Lebensmit-
teln. Und auch die nachhaltig orientierten Bauern profi-
tieren davon.

Stichwort Nachhaltigkeit und Bewusstseinswandel.
Glücklicherweise sind es nicht nur Modewörter. Auch
auf vielen anderen Gebieten lassen die Menschen bereits
Taten folgen. Zu einem Umdenken und beschleunigtem
Handeln werden wir nicht zuletzt durch die Erderwär-
mung und Ressourcenverknappung gezwungen. Dabei
stellt sich auch die Frage nach dem Sinn der zu Wachstum
verdammten Volkswirtschaften. Auch größter technischer
Fortschritt vermag die Herausforderung im Wohlstand zu
wachsen und gleichzeitig die Umwelt zu entlasten nicht
zu meistern. Zudem sind die gesättigten Märkte Europas
kein Garant mehr für Wachstum. Umso erfreulicher ist es,
wenn es gerade aus dieser Region bereits heute Beispiele
von neuem Denken und umweltbewusstem Handeln gibt:

Im Oktober 2013 berichtete der TV-Sender Arte unter dem Titel „Jahrhundertfrage – an der Grenze des Wachstums" sehr eindrucksvoll darüber. Die Bewegungen aus Frankreich, Spanien, England und auch Deutschland zeigten beispielsweise: Schonung von Ressourcen und Bestreben nach einem Erdöl unabhängigeren Leben, Bezug von Lebensmitteln aus regionalem Anbau, beziehungsweise im Umkreis von maximal 80 Kilometern, Kauf von reparaturfähigen Produkten, Verzicht auf Verpackungen, eine Inanspruchnahme des Tauschhandels, eine deutlich reduzierte Nutzung der Medien und vieles mehr. Eines hatten alle Beispiele gemeinsam: Es ging um den Ausstieg aus der Wohlstandsgesellschaft, um weniger Konsum, die Besinnung auf den Grundbedarf anstelle des Überflusses und als Ergebnis daraus um eine deutliche Reduzierung der CO_2-Emissionen pro Kopf. Die Beispiele zeigten, auch wenn sie teilweise aus der Not heraus geboren wurden (siehe Wirtschaftskrise in Spanien), dass die Menschen an Lebensfreude und Zufriedenheit eher dazugewonnen hatten.

Die Zeit ist reif für neues Denken und einen Wandel in unserer Gesellschaft. Die Frage ist, wie wir das alles in der global vernetzten und sehr komplexen Welt schaffen sollen. Hinzu kommt die Macht der Gewohnheit. Der Mensch passt sich nur ungern Neuem an, geschweige denn unterstützt er radikale Veränderungen. Es ist ein langer Weg, die Welt lässt sich nicht von heute auf morgen verändern. Wir müssen uns vorsichtig an neue Produkte, Arbeitsprozesse und Dienstleistungsarten herantasten; und schrittweise auch unser Konsumverhalten verändern. Testmärkte (Begriff aus der Marktforschung) in geographisch *abgegrenzten Gebieten oder auch in der eingeschränkten Zahl ausgewählter Menschen bieten sich an. Ich möchte noch einen Schritt weitergehen: Vielleicht lassen sich nicht nur neue Produkte und Leistungen testen, sondern auch neue Formen des Zusammenlebens. Mit Menschen und Interessensgruppen, die versuchen sich in einer anderen Weltanschauung zu behaupten und glücklich zu werden. Zum Beispiel in Gemeinschaften, die elementar wichtige Berufsgruppen abdecken und deshalb für ein hohes Maß an Unabhängigkeit sorgen: vom eigenen Erzeugen der Nahrungsmittel bis hin zu neuen Welten des häuslichen Wohnens und Lebens. Freilich dürfen diese Menschen dann von der breiten Gesellschaft nicht gleich ausgegrenzt werden.*

Wir brauchen eine Aufbruchsstimmung statt des Verharrens im Alten. In unserer jetzigen Welt tickt es immer schneller, wird der Wettbewerb immer größer, die Menschen immer hektischer und die Umwelt anhaltend in Mitleidenschaft gezogen. So gesehen sägen wir auch an dem Ast, auf dem wir selbst sitzen. Wir werden um eine neue Form der Bescheidenheit nicht herumkommen. Der Mensch kann in so vielen Dingen Abstriche machen; und vielleicht muss er das zukünftig sogar. Der bereits zitierte österreichische Zukunftsforscher Klaus Kofler hat es in seinen Visionen so zusammengefasst: „Glück und Wohlbefinden versus Wohlstand, Wendepunkt vom materiellen zum immateriellen Besitz, mehr Spar- anstelle Luxuskonsum, Lebenslust ist wichtiger als Kaufkraft."

Ich möchte dazu Mut machen, möglichst bald mit neuem Denken und neuem Handeln anzufangen. Dabei wage ich die Prognose, dass es die Menschen nicht unglücklicher machen wird. Wir werden Gewohntes vermissen, dafür jedoch neue Lebenswerte entdecken. Und vor allem: Wir handeln im Sinne der uns nachfolgenden Generationen.

Ich habe in diesem Kapitel auszugsweise auch Beispiele einer Arte-Sendung angeführt. Deshalb möchte ich abschließend die Autorin dieses Beitrags, Karin de Miguel Wessendorf, zu Wort kommen lassen:

„Wir brauchen einen gesellschaftlichen Wandel, wir müssen dringend Veränderungen auf individueller, kultureller und politischer Ebene vornehmen, wenn wir die Chance auf ein gutes Leben in der Zukunft haben wollen."

Resümee – was hat mir die Wanderung ganz persönlich gebracht?

Natürlich möchte ich zu meiner Wanderschaft ein abschließendes Fazit ziehen. Vielleicht interessiert es ja gerade Sie, als „potentielle Nachahmer", wie mir das Alleinsein und der 15-tägige Marsch bekommen sind. Und vor allem, ob der von mir gewünschte Effekt, nämlich das Abstandgewinnen vom langjährigen Berufsalltag, eingetreten ist.

Ich kann sehr positiv resümieren: Meine Wanderung war ein einmaliges und unvergessliches Erlebnis. Auch mit nunmehr über zweijährigem Abstand kann ich mit Fug und Recht behaupten, dass es genau der richtige Weg war, um meinen beruflichen Ausstieg problemlos zu meistern. Es war ein nachhaltiger Break – ein Abschluss mit der Vergangenheit und ein Besinnen auf Neues! Wäre mir die positive Wirkung schon früher bewusst gewesen, hätte ich diese Maßnahme auch ergriffen, um vom beruflichen Alltag hin und wieder etwas Abstand zu gewinnen.

Was hat mir die Wanderschaft darüber hinaus gebracht? Ich habe meine Heimat so intensiv wie nie zuvor kennengelernt; fand Gefallen am ländlichen Bereich, entdeckte wunderschöne Landschaften, reizende Ortschaften und attraktive Kleinstädte; häufig mit historischem Hintergrund und sehenswerten Gebäuden. Die von mir gewünschte Einsamkeit überwog und sie tat mir richtig gut. Dennoch gab es auch viele nette Begegnungen mit Menschen. Ich konnte sie beobachten und mit ihnen sprechen; bekam ebenso Informatives und Anregendes, wie Unterhaltsames und Spannendes von ihnen geboten. Ich werde diese schöne Zeit nie vergessen.

Wie bekommt mir die freie Zeit danach – was fange ich mit ihr an?

Nun bin ich über zwei Jahre zu Hause und da taucht – trotz „Berufs-Abstandswanderung" – zwangsläufig die Frage auf: Wie bekommt mir dieses neue Leben und was mache ich mit der gewonnenen Zeit? Natürlich lässt sich nicht alles vorausplanen. Schließlich wollte ich mir für die neu gewonnene „große Freiheit" nicht gleich wieder selbst Fesseln anlegen. Dennoch hatte ich mir vorgenommen ein Zitat für meinem „Ruhestand" ganz besonders zu beherzigen:

„Fange nie an aufzuhören, höre nie auf anzufangen" (Marcus Tullius Cicero)

Ich möchte zunächst bei körperlichen Aktivitäten und der Gesundheit bleiben: Wandern zählt auch nach meinem 15-tägigen Marsch zu meiner großen Leidenschaft. Die Allgäuer Alpen sind nach wie vor mein bevorzugtes Wandergebiet. Parallel habe ich mich als mittlerweile Ü 60 um angeleitete „Leibesübungen" bemüht; etwas Gymnastik und ein spezielles Training zur Stärkung der Rückenmuskulatur betrieben. Beides bekommt mir sehr gut. Zur körperlichen Fitness zählt zweifellos auch eine gute, bewusste Ernährung. An diesem Thema bin ich allerdings noch etwas hängen geblieben. Zwar bin ich mit der Küche meiner Frau durchaus gut bedient, aber eigentlich wollte ich mich da noch ein bisschen mehr einbringen. Jedenfalls wartet meine Frau noch heute auf meine eigenen Kochkünste. Aber was nicht ist, kann ja noch werden.

Geistiges Tun und ehrenamtliches Engagement: Noch während meiner Berufszeit hatte ich in unserer Kleinstadt an den Wochenenden eine Ausbildung für ehrenamtliches Engagement gemacht. Dabei bekam ich einen guten Einblick in die sozialen Strukturen unserer Stadt. Am Anfang meines Vorruhestandes nahm ich dann auch gleich ein Projekt in Angriff. Geplant war eine Art „Kinder-Notbetreuungs-Netzwerk". Leider gestaltete sich die Zusammenarbeit mit der mir zugeordneten sozialen Einrichtung der Stadt als schwierig, beziehungsweise waren dort für eine zügige Umsetzung des Projektes keine Kapazitäten vorhanden. Ich stellte meine Aktivitäten ein und orientierte mich neu. Wieder bei der Stadt. Sie hatte eine mehrmonatige Ausbildung an Wochenenden zum Stadtführer angeboten. Ich meldete mich an und musste von Oktober 2013 bis Februar 2014 nochmals richtig büffeln. Mit Erfolg – jedenfalls bestand ich den theoretischen und praktischen Teil der Prüfung. Seit Mai 2014 bin ich nun für die Stadt aktiv im Einsatz. Ich bin geistig richtig gefordert. Und vor allem: Es macht riesig Spaß und ich komme mit interessanten Menschen in Kontakt.

Als horizonterweiternde Tätigkeit sehe ich auch das Verfassen dieses Buches. Die Aktivität hatte ich für meinen Vorruhestand nicht geplant, gestaltete sich sehr arbeitsintensiv und bereitete mir dennoch sehr viel Freude.

Mit all den bisher beschriebenen Initiativen war für das eigene Heim noch nichts getan. Im Laufe der Jahre hatte sich jedoch etliches am und im Haus angestaut. Aus zeitlichen Gründen konnte ich die Arbeiten während meiner Berufszeit nicht bewerkstelligen. In den vergangenen zwei

Jahren habe ich dies nun alles angepackt: Küchen- und Badrenovierung, neue Beleuchtungssysteme, Entrümpelungen, Reinigung von Fließen- und Teppichböden, Sanierung Pergola, Garten und Gartenmöbel in Ordnung bringen und vieles mehr. Die Arbeiten – auch in Zusammenarbeit mit Handwerkern – waren nicht stressfrei. Dennoch genoss ich es, dies alles mit einer gewissen Gelassenheit und frei vom beruflichen Alltag zu organisieren. Zugegeben: auch verbunden mit größeren Investitionen.

Angestaut hatten sich nicht nur praktische Arbeiten, sondern auch administrative Aufgaben und wirtschaftliche Aspekte rund um den privaten Haushalt: veraltete und unvollständige Ablagen, Steuererklärungen, alte, überteuerte Versicherungsabschlüsse, alte elektrische Haushaltsgeräte mit zu hohem Energieverbrauch. All dies brachte ich über Wochen hinweg in Ordnung. Mein größtes Erfolgserlebnis: Der Stromverbrauch konnte um 34 Prozent reduziert werden! Als kosten- und umweltbewusster Schwabe muss ich dies einfach loswerden.

Damit kein falscher Eindruck entsteht: Natürlich habe ich nicht nur gearbeitet, sondern vor allem auch das Leben genossen. Im Vergleich zu 60-Stunden-Arbeitswochen in meinem aktiven Berufsleben hatte ich in den letzten zwei Jahren geradezu paradiesische Verhältnisse. Ich konnte mit meiner Frau zusammen mehr reisen, insbesondere haben wir Städtereisen unternommen, aber auch eine größere Fernreise war auf dem Programm gestanden. Und ich konnte mich mehr um meine Familie kümmern. Mit vielen schönen Momenten, aber auch mit sorgevollen Phasen. In den letzten zwei Jahren war der gesundheitliche Zustand meiner mittlerweile 90-jährigen Mutter wechselhaft. Und auch unsere zweijährige Enkeltochter bereitete uns mit ihrer Krankheit (Granulozytopenie – Abnahme der weißen Blutkörperchen) etliche sorgevolle Stunden und Tage. Gut, dass ich jeweils einen kleinen Beitrag zur Unterstützung leisten konnte. Und ganz ehrlich: Als berufstätiger Mensch wäre es in dieser Form nicht möglich gewesen.

Jede Phase des Lebens verlangt ein neues, angepasstes Denken und Handeln. Das ist mir in den letzten zwei Jahren bewusst geworden. Ein Verharren im alten und die Dinge zu tun, weil man sie immer so gemacht hat, bringt uns nicht wirklich weiter. Ich möchte dazu eine eigene, abschließende Erfahrung beisteuern:

Bereits am Anfang dieses Buches berichtete ich über meine Streuobstwiese, über die Schönheit und den hohen Freizeitwert dort. Aber auch über zu wenig Zeit sie zu pflegen und zu hegen. Mit dem Beginn meines Vorruhestandes hätte ich nun diese Zeit eigentlich gehabt. Das schon, nur fand ich jetzt nicht mehr das richtige Gefallen an dem Grundstück. Warum eigentlich, was war passiert? Ich habe darüber nachgedacht und es leuchtete mir schnell ein: Das Wochenendgrundstück, die idyllische Lage und Ruhe dort, waren zu meinem beruflichen Alltag der ideale Ausgleich. Dort war ich mit vielen Menschen zusammen und es herrschte hohe Betriebsamkeit vor. Die Zeiten haben sich jedoch geändert. Ruhe habe ich nun genug. Jetzt stehen andere Bedürfnisse im Vordergrund, nämlich die der menschlichen und sozialen Kontakte. Mit den beschriebenen neuen Aktivitäten habe ich versucht, mich genau in diese Richtung zu bewegen. Meine Streuobstwiese habe ich samt Häuschen und Inventar verkauft. An junge Menschen, die genau das schätzen, was für mich über 20 Jahre lang wichtig war. Zudem erlauben ihre Berufe etwas mehr Freizeit, so dass sie sich um das Anwesen viel intensiver als ich kümmern können.

Bleibt die Frage: Um was werde ich mich in der Zukunft intensiv kümmern? Das Buch ist geschrieben. Vielleicht bekomme ich ja etwas Feedback von Ihnen und darf die eine oder auch andere Frage noch beantworten. Auf der anderen Seite habe ich festgestellt, dass ich derzeitig etwas zu „kopflastig" unterwegs bin. Sprich, ein bisschen mehr Bewegung täte gut. Das und eine gesundheitsbewusstere Ernährung habe ich mir jedenfalls fest vorgenommen.

Tipps zur Ausrüstung und Organisation der Wanderung

Falls Sie sich mit dem Gedanken beschäftigen selbst auf Wanderschaft zu gehen, vielleicht auch ganz allein und auf eher abgeschiedenen Pfaden, möchte ich Ihnen gerne ein paar Empfehlungen mit an die Hand geben:

Um den richtigen Abstand vom Alltag zu bekommen, sollten Sie eine mindestens zweiwöchige Wanderung planen. Wenn Sie aktiv im Berufsleben stehen, sollten Sie dafür einen insgesamt dreiwöchigen Urlaub spendieren. Ein bisschen Vorlauf und Nachlauf macht die Sache viel entspannter. Im Grunde bietet sich hierzulande für die Wanderung der Zeitraum zwischen Mai und September an. Der in meinem Fall gewählte Monat Juli, genauer gesagt die zweite Hälfte davon, erwies sich deshalb als besonders günstig, weil das Wetter weitgehend schön war und zudem die reifen, goldgelben Kornfelder der Landschaft einen ganz besonderen Reiz verliehen. Das mit dem schönen Wetter ist natürlich nicht planbar (wir alle kennen die Kapriolen, die es schlägt) und die Kornfelder waren ein spezielles Landschaftsbild der von mir gewählten Wanderregion.

Ich hatte meine Tagesrouten im Voraus geplant und rückblickend betrachtet war dies für mich genau das Richtige. Die Tagesziele waren eindeutig und deshalb auch motivierend. Zudem musste ich mich nicht während des Wanderns um Übernachtungsmöglichkeiten kümmern. Zum Stichwort Quartiere: Wo es möglich war, setzte ich bei den Reservierungen im Vorfeld der Wanderung auf einfache

Gasthöfe mit Zimmerangebot im Ortskern, beziehungsweise Stadtzentrum gelegen. Eine gute Wahl, denn es war richtig wohltuend das abendliche Flair – teilweise auch in historischen Altstädten – quasi nebenbei mitzunehmen. Nicht umsonst stehen auf meiner Empfehlungsliste im übernächsten Kapitel gerade diese Gasthäuser. Die Reservierungen für nur eine Nacht gestalteten sich freilich nicht immer ganz einfach. Teilweise musste ich in Kauf nehmen, nicht unbedingt das beste Zimmer des Hauses zugewiesen zu bekommen.

Zur Tagesausrüstung empfiehlt es sich generell genügend Wasser mitzunehmen; der Hunger tagsüber hielt sich, zumindest bei mir, in Grenzen. Ein bis zwei Wurst- oder Käsebrötchen – direkt vom örtlichen Metzger – waren für mich genau die richtige Ration, zudem schmeckten diese der Frische wegen auch mit weniger Appetit vorzüglich; ein bisschen Obst dazu ist ratsam.

Von der Nahrung zur Bekleidung: Weniger ist mehr; jede zusätzliche Hundertgramm im Rucksack tun weh. Zudem lässt sich leichte, schnell trocknende Funktionswäsche auch fix auswaschen. Auf spezielle „Ausgehkleidung" für den Abend kann verzichtet werden. Zum Schuhwerk: Die von mir gewanderten Wege ließen sich im Nachhinein in mindestens fünf verschiedene „Härtegrade" einteilen. Insbesondere für den festen (auch betonierten) Untergrund erwiesen sich gut gepolsterte Joggingschuhe als besonders geeignet. Es war sehr angenehm darin zu gehen. Zudem konnte ich sie auch beim abendlichen Spaziergang und beim Besuch im Wirtshaus gut tragen. Für bergiges, steiniges Gelände hingegen sind Wander- oder auch sogenannte

Trekkingschuhe unbedingt erforderlich. Meine Empfehlung wäre also zwei Paar Schuhe mitzunehmen.

Zu den „technischen Hilfsmitteln": Das „GPS-Outdoorgerät" war insbesondere in größeren Waldabschnitten nicht nur hilfreich, sondern geradezu unverzichtbar für mich. Meine Kinder, als routinierte Smartphone-Anwender, gaben mir nachträglich zu verstehen, dass es mit einem solchen Gerät samt passender Kartensoftware mindestens genauso gut geklappt hätte. Ungeachtet und ungeprüft dieser Aussage, möchte ich jedoch ein Argument für das „GPS- Outdoorgerät" anführen: Diese Geräte sind robust. Im Eifer des Gefechts ist es mir immer mal wieder heruntergefallen, auch auf harten Untergrund, ohne dass es Schaden genommen hätte. Egal, welchen „elektronischen Kompass" Sie auch wählen, ist die Wegebeschreibung fundiert und das Programm anwenderfreundlich hat dies auch Auswirkungen auf zusätzlich genutztes Kartenmaterial. Ich meine damit Karten für Wander- und Fahrradwege auf Papier. Größtenteils hatte ich Karten im Maßstab 1:35.000 dabei, würde jedoch rückblickend und im kombinierten Einsatz mit dem „GPS-Gerät" betrachtet, den Maßstab 1:50.000 vorziehen. Der zusammenhängende Wanderabschnitt ist darauf besser zu erkennen, zudem sind weniger Karten erforderlich.

Bleiben wir beim Wandern in den Wäldern: Über die Schönheit, die besondere Atmosphäre und das angenehme Klima gerade an heißen Sommertagen habe ich ausführlich berichtet. Trotzdem muss man sich, gerade wenn man alleine unterwegs ist, auch über die Gefahren bewusst sein. Gefahren nicht etwa von Mensch oder Tier, sondern vor der großen Verlassenheit. Es darf halt nichts passieren (Schwäche oder Verletzung), denn selbst bei Notruf via Mobiltelefon ist ein schnelles Auffinden schwierig und in jedem Fall aufwendig. Wenn Sie sich nicht so fit fühlen, dann sollten Sie einen Weg außerhalb des Waldes wählen, der zumindest zeitweise von anderen Menschen passiert wird oder einsehbar ist.

Abschließend – im Sinne einer kleinen Checkliste – meine Empfehlung zu den wichtigsten Kleidungs- und Ausrüstungs-Gegenständen für die Wanderung:

Tourenrucksack samt Regenschutz, Funktions-Unterwäsche und Sport-Shirts (atmungsaktiv und schnell trocknend), genauso sollte der Schlafanzug beschaffen sein, eine dickere und ein dünnere Fleecejacke, Wanderjacke (mit hohem Regenschutzfaktor), dünner Ganzkörper-Regenschutz, zwei Wanderhosen (eine dickere, eine dünnere), spezielle Wandersocken sowie je ein Paar Wanderschuhe und Joggingschuhe, Kopfbedeckung, Kartenmaterial und Navigationsgerät, Blasenpflaster, „Geh-Wohl-Salbe" oder Alternative, Leichtgewicht-Hocker, Tourenplanung, kleine Kamera und eventuell ein Pfefferspray.

Das Kartenmaterial besorgte ich mir über den Online-Shop des Schwäbischen Albvereins: acht Wanderkarten im Maßstab 1:35.000. Wie ausgeführt, empfehle ich jedoch den Maßstab 1:50.000 zu verwenden. (Herausgeber, Kartographie, Druck und Vertrieb: Landesamt für Geoinformation und Landentwicklung Baden Württemberg, Büchsenstraße 54, 70174 Stuttgart).

Die schönsten Wanderabschnitte

Es fällt mir nicht ganz leicht unter den vielen schönen Tagestouren ein paar herauszuheben. Keinen einzigen Tag möchte ich missen. Wenn Sie mich jedoch vor die Aufgabe stellen würden, fünf besonders attraktive Routen zu benennen, dann wären es diese:

Erster Wandertag: der Albaufstieg über das Zipfelbachtal samt wunderschönem Panoramablick am Randecker Maar.

Zweiter Wandertag: Marsch durch das Münsinger Hardt mit seiner einmaligen Fauna und Flora.

Dritter Wandertag: der idyllische Abschnitt durch das „Große Lautertal" und die Landschaft rund um Hayingen.

Achter Wandertag: auf den Spuren des HW 4 mit dem charmanten Waldabschnitt vor der Waldburg.

Dreizehnter Wandertag: der wildromantische Weg entlang der Bregenzerach zwischen den Gemeinden Müselbach und Egg.

Unterkünfte, die ich besonders empfehlen kann

Ich möchte vorwegschicken, dass ich mit keinem einzigen Quartier unzufrieden war. Mal war das Zimmer größer, mal kleiner, mal war die Küche gut bürgerlich, mal hatte sie schon fast Feinschmeckercharakter. Legt man jedoch den Maßstab an, besonders attraktiv gelegene Häuser zu benennen, dann würde ich Ihnen diese empfehlen:

Gasthaus Zum Kreuz, 72534 Hayingen, Karlsplatz 8
(Unterkunft nach dem dritten Wandertag)

Gasthaus Zum Hirsch, 88499 Riedlingen, Lange Straße 17
(Unterkunft nach dem vierten Wandertag)

Gasthof Zum Spitaltor, 88348 Bad Saulgau, Schützenstraße 21
(Unterkunft nach dem fünften Wandertag)

Hotel Lipprandt, 88142 Wasserburg, Halbinselstraße 65
(Unterkunft nach dem zehnten Wandertag;
Hotel mit hohem Komfort direkt am Bodensee)

Gasthof, Hotel Hirschen, Platz 40, 6870 Bezau (Österreich)
(Unterkunft nach dem dreizehnten Wandertag)

Informationsquellen

Für meine „gesellschaftskritischen Kommentare" habe ich unter anderem Vorträge dieser Referenten mit herangezogen:

Prof. Dr.-Ing. Udo J. Becker (Verkehrsökologe)

Prof. Felix von Cube (Erziehungswissenschaftler)

Klaus Kofler (Zukunftsforscher)

Prof. Dr. Horst W. Opaschowski (Zukunftswissenschaftler)

Pater Dr. phil. Notker Wolf
(Oberhaupt des Benediktiner-Ordens in Rom)

Für die lektorale Unterstützung danke ich Hiltrud Baier, alias Klara Nordin (Jokkmokk, Lappland)